# 现代型文化馆构想与实践

戴珩 林红 —— 编著

南京师范大学出版社

图书在版编目（CIP）数据

现代型文化馆构想与实践 / 戴珩，林红编著. —南京：南京师范大学出版社，2014.12
（公共文化系列）
ISBN 978-7-5651-1955-2

Ⅰ.①现… Ⅱ.①戴… ②林… Ⅲ.①文化馆—工作—中国 Ⅳ.①G249.23

中国版本图书馆CIP数据核字(2014)第276638号

| | |
|---|---|
| 书　　名 | 现代型文化馆构想与实践 |
| 编　　著 | 戴　珩　林　红 |
| 责任编辑 | 张　莉 |
| 出版发行 | 南京师范大学出版社 |
| 地　　址 | 江苏省南京市宁海路122号（邮编：210097） |
| 电　　话 | （025）83598919（总编办）　83598412（营销部）　83598297（邮购部） |
| 网　　址 | http://www.njnup.com |
| 电子信箱 | nspzbb@163.com |
| 印　　刷 | 南京精艺印刷有限公司 |
| 开　　本 | 787毫米×960毫米　1/16 |
| 印　　张 | 15 |
| 字　　数 | 222千 |
| 版　　次 | 2014年12月第1版　2014年12月第1次印刷 |
| 书　　号 | ISBN 978-7-5651-1955-2 |
| 定　　价 | 49.00元 |

出 版 人　彭志斌

南京师大版图若有印装问题请与销售商调换

版权所有　侵犯必究

# 目录

**代序　建设充满魅力的现代型文化馆**___001

**论建设现代型文化馆**　　　　　　戴珩___001

**关于建设现代型文化馆的谈话**　　戴珩___051

**建设充满魅力的现代型文化馆**　　戴珩___104

**附录**

宁波市首届阿拉非遗汇活动方案___139

宁波市2013阿拉音乐节活动方案___151

宁波市2013"天然舞台"系列活动方案___162

群众视觉的盛宴，文化惠民的平台___168

宁波非遗十年路：亲近，传承，共享——176

"群星"灿烂耀三江——185

2012阿拉音乐节：一场公共文化的盛宴——191

"乐玩越年轻"：中国好声音歌手走进阿拉音乐节——197

阿拉非遗汇：一场老宁波风情的盛会——200

"我们的节日"：念念不忘  必有回响——209

从课堂到展厅："名师专修"再出发——217

金秋，甬城唱响最美和声——224

后记——232

# 建设充满魅力的现代型文化馆

戴珩（代序）

文化馆是公共文化服务体系不可或缺的重要组成部分，是弘扬社会主义核心价值体系、建设文化强国的重要力量。但是由于种种原因，目前文化馆的功能和作用还没能得到充分的彰显和发挥，文化馆的价值也并没能得到社会的普遍认同。面对党的十七届六中全会提出的"大力发展公益性文化事业，保障人民基本文化权益"的要求，面对党的十八届三中全会提出的"构建现代公共文化服务体系"的要求，面对新的重大发展机遇，文化馆必须顺应形势，迅速做出选择。

一是重新规范文化馆的职能和任务。一个行业要在社会上树立起自己的独特形象，要得到社会各界和人民群众的普遍认同，首先必须对自己的职能做出清晰、准确的定位。对文化馆的职能重新进行定位，必须要在建设现代公共文化服务体系和建设文化强国的背景及坐标下考虑，必须要突出文化馆的公益性品格，突出文化馆和其他公益性文化机构相比所独有的、不可替代的功能。据此，可将文化馆的职能和任务定位为：以文艺的形式弘扬社会主义核心价值体系；开展公益性文化艺术服务和社会艺术教育工作；辅导培训基层文化人员和文艺骨干；组织开展群众文化活动；组织创作生产和推广群众文艺作品及其他公共文化产品；组织开展相关文化理论研究；保护和利用非物质文化遗产；组织开展文化交流活动等。要对省级、地市级、县级文化馆的职能和任务做明确区分，省级文化馆、地市级文化馆职能要充分体现对下级文化馆业务工作的指导、辅导，县级文化馆的职能要充分体现对乡镇（街道）文化站以及村（社区）文化室业务上的支持和指导。省级文化馆的职能要充分体现龙头和示范作用。

二是提升文化馆的文化内涵和文化品位。要全面提升文化馆设施、产品、服务、人员的文化内涵，提升文化馆的文化品位，使文化馆真正成为人民群众所向往的接受文化艺术教育的殿堂和开展文化活动的重要场所。文化馆的主要任务是向人民群众提供免费或优惠的基本公共文化服务，但这并不意味着文化馆提供的是低层次的服务。文化馆所提供的免费或优惠的基本公共文化服务，最低层面是满足人民群众的基本文化需求，而上升一个层面，就是要提高人民群众的文化艺术素质，再上升一个层面，则是要提升人民群众的精神境界，激发人民群众的文化创造活力。文化馆在提供普及型的基本公共文化服务外，还应为社会提供提高型的高端的文化服务。文化馆应该有大的文化情怀和文化胸襟，应该具有高度的文化自觉和文化自信，应该自觉地承担起更多和更大的文化责任，应该具有更高的文化艺术追求和更强的专业能力，这样，文化馆才会在人们的心目中真正有地位。

三是重新塑造与建设文化强国相匹配的现代文化馆。近些年，文化馆事业有了很大发展，但总体而言，文化馆的现状和建立健全现代公共文化服务体系，保障人民群众基本文化权益的要求还不相适应，和建设社会主义文化强国的要求不相适应。不少文化馆工作面和工作内容有窄化趋势，通常只是组织开展一些一般性的群众文化活动，进行一些文化艺术培训，没有能够全面履行文化馆的职能。还有一些文化馆所提供的产品和服务存在着单一、粗陋等问题。文化馆的服务方式目前主要还是依赖于传统手段，在数字化服务方面反应迟缓。在这种情况下，文化馆的建设不能只是小修小补，而是应该脱胎换骨。文化馆应根据建设现代公共文化服务体系和建设文化强国的需要，树立新的建设和发展理念，创新免费服务方式和运行管理机制，提升免费服务特别是数字化服务能力和水平，实现由传统文化馆向现代文化馆转型升级，塑造充满文化吸引力和文化艺术魅力的现代型文化馆。

规范、提升、重塑，这是文化馆在当下必须做出的选择。惟有这样，文化馆才会重振雄风，再创辉煌。

（该文原载2012年2月29日《中国文化报》，略有改动）

# 论建设现代型文化馆

文化馆是政府设立的公益一类文化事业单位和中国特有的公益性文化事业机构。文化馆事业是中国特色社会主义文化事业的一个重要标志，是走中国特色社会主义文化发展道路的重要内容，是建设有中国特色社会主义的一个有机组成部分。《中华人民共和国宪法》第二十二条明确规定："国家发展为人民服务、为社会主义服务的文学艺术事业、新闻广播电视事业、出版发行事业、图书馆博物馆文化馆和其他文化事业，开展群众性的文化活动。"在全面深化改革，沿着中国道路实现中华民族伟大复兴的背景下，推动文化馆建设与服务转型升级，建设与构建现代公共文化服务体系相适应、与建设社会主义文化强国相匹配的现代型文化馆，已经刻不容缓。

## 公共文化服务体系背景下文化馆的地位和作用

公共文化服务体系是我国公共服务体系的有机组成部分，加强公共文化服务体系建设是满足人民群众基本文化需求、保障人民群众基本文化权

益的主要途径。党中央、国务院十分重视公共文化服务体系建设。2005年10月,党的十六届五中全会第一次正式提出,要"加大政府对文化事业的投入,逐步形成覆盖全社会的比较完备的公共文化服务体系"。党的十七大把建设"覆盖全社会的公共文化服务体系"作为实现全面建设小康社会的重要目标之一。党的十七届六中全会通过的《中共中央关于深化文化体制改革推动社会主义文化大发展大繁荣若干重大问题的决定》强调要"完善覆盖城乡、结构合理、功能健全、实用高效的公共文化服务体系",明确提出"到2020年,文化事业全面繁荣,覆盖全社会的公共文化服务体系基本建立,努力实现基本公共文化服务均等化"。党的十八大进一步要求"完善公共文化服务体系,提高服务效能"。党的十八届三中全会又要求"构建现代公共文化服务体系"。公共文化服务体系概念的提出和公共文化服务体系建设的深入开展,对文化馆事业产生了极其深刻而重大的影响。可以这么说,公共文化服务体系概念的提出和公共文化服务体系建设

的深入开展彻底奠定了文化馆存在的基础,确立了文化馆的公益性质和公共文化服务体系骨干身份,并赋予了文化馆巨大的责任和使命,同时,也对文化馆的建设和发展提出了新的更高的要求。我们必须对公共文化服务体系背景下文化馆的地位和作用作新的全面、深入的思考,从而更好地把握文化馆发展所面临的重大机遇和重大挑战,更积极、更主动地创新文化馆的体制、机制、管理与服务,更全面地履行和发挥文化馆的职能。

首先,我们应该弄清楚文化馆的概念。

文化馆是由国家和地方政府建立、支持与资助的公益性文化机构,它向社会所有成员平等开放,以开展社会公众教育、普及文化艺术、传承优秀活态文化、组织群众文化活动为主要工作内容,为全体公民提供各类公共文化资源和公共文化服务,使他们可以获得知识、信息、娱乐和创造力。

其次,我们应该弄清楚文化馆的核心价值。

文化馆的核心价值是传承优秀传统文化、创新发展现代文化、引领时代文化风尚、繁荣群众文化生活。

再次,我们应该弄清楚文化馆的地位和作用。

第一,文化馆是中国特色社会主义文化事业的重要标志。文化馆是中国特有的公益性文化机构。文化馆这个名称是在中国共产党夺取政权,建立新中国后全面出现的。这个名称最早出现时,前面还冠以"人民"二字。新中国建立之后,政府一方面将民国时建立的民众教育馆更名为"人民文化馆",一方面新建了文化馆。文化馆的设立既延续和顺应了中国注重民众教育的传统,同时,也体现了在社会主义中国,人民群众是文化的创造主体、享有主体、表现主体,社会主义文化全民共建、全民共享的特点。文化馆这个名称和这个机构的出现,意义重大而深远。它意味着执政的中国共产党人对文化建设的重视,意味着中国共产党人对人民群众文化创造主体地位的尊重,意味着中国共产党人对人民大众文化生活的关切和关心,意味着中国共产党人对丰富人民群众精神生活,满足和实现人民群众基本文化权益的自觉的责任担当。尽管一开始时,人们并没有清醒、深刻和完全地认识到这一点。但在今天公共文化服务体系建设的背景下来看,建立文化馆的深层次内涵确实如是。党领导我们走的是中国特色社会主义发展道路。党的十七届六中全会提出走中国特色社会主义文化发展道路。可以说,文化馆是中国特色社会主义文化事业的一个重要标志,办好文化馆,充分发挥文化馆的效能,就是走中国特色社会主义文化发展道路的一个具体体现。我们应该从这样一个高度上来认识文化馆,认识文化馆存在的价值和意义,从而进一步增强建设和发展好文化馆事业的责任感、使命感和信心。

第二,文化馆是我国公共文化服务体系不可或缺的重要组成部分。公共文化服务体系是政府主导、社会参与形成的以满足人民群众基本文化需求,保障公民基本文化权益为目的,向公民提供的各种公益性文化设施、公共文化产品与服务以及与之相适应的制度体系的总和。目前,我国提供公共文化服务的公益性文化机构主要有文化馆(站)、图书馆、博物馆、美术馆、科技馆、纪念馆、工人文化宫、青少年宫以及全国文化信息资源共享工程服务点等。党的十七届六中全会决定指出,加强公共文化服务是实现人民基本文化权益的主要途径。要以公共财政为支撑，以公益性文化单位为骨干，以全体人民为服务对象，以保障人民群众看电视、听广播、读书看报、进行公共文化鉴赏、参与公共文化活动等基本文化权益为主要内容，完善覆盖城乡、结构合理、功能健全、实用高效的公共文化服务体系。在整个国家的公共文化服务体系中，文化馆体系是不可或缺的重要组成部分。甚至可以这么说，如果没有文化馆体系功能的充分发挥，公共文化服务的均等化将会沦为空谈。一是文化馆设施网络体系是我国公共文化服务体系设施网络体系的重要基础。我国的公共文化服务设施网络覆盖体系包括中央、省、市、县、乡、村六级。文化馆设施网络体系包括了省、市、县级文化馆以及乡镇综合文化站和村文化室，这完整的五级文化馆网络体系构成了我国公共文化服务体系设施网络体系建设的重要基础。没有完整的五级文化馆设施网络体系做基础和依托，或者失去了完整的五级文化馆设施网络体系做骨干和支撑，中国的公共文化服务设施网络覆盖体系将无从谈起。二是文化馆服务的范围和受众面极广。在公共文化服务体系的背景下，文化馆的职能主要包括：以文艺的形式弘扬社会主义核心价值体系；开展公益性文化艺术服务和社会艺术教育工作；辅导培训基层文化人员和文艺骨干；组织开展群众文化活动；组织创作生产和推广群众文艺作品及其他公共文化产品；组织开展相关文化理论研究；保护和利用非物质文化遗产；组织开展文化交流活动等。文化站的主要职能包括：开展书报刊借阅；时政法制科普教育；文艺演出活动；数字文化信息服务；公共文化资源配送和流动服务；体育健身和青少年校外活动等。因为文化馆、站的职能丰富，文化馆设施体系覆盖了省、市、县、乡、村五个层级，因此，文化馆体系服务的范围和受众面极广，在实现公共文化服务均等化方面具有重要作用。三是文化馆服务方式、服务内容具有多样性、综合性、互动性和灵活性特点。文化馆提供的公共文化服务方式有设施服务、流动服务和数字化服务，服务内容包括普及文化艺术知识、组织群众文化活动、辅导基层文化骨干、开展社会教育工作、传承民族民间文化等各个方面，具有多样性、综合性、互动性的特点。此外，文化馆的服务方式和服

务内容可以根据服务对象的要求和服务场地、服务条件的变化随时作调整,因而具有灵活性。正因为文化馆的服务方式、服务内容具有多样性、综合性、互动性和灵活性的特点,它能在更大限度上满足人民群众多层次、多样化的文化需求,保障和实现人民群众的基本文化权益。

第三,文化馆是党和政府联系人民群众的重要桥梁和纽带。密切联系群众是党的"三大法宝"之一。社会主义文化发展的根本目的是为了人民。要做到文化发展为了人民、文化发展依靠人民、文化发展成果由人民共享,就必须始终密切联系群众。文化馆作为政府设立的公益性文化机构,为党和政府联系人民群众起到了重要的桥梁和纽带作用。一是文化馆服务的过程是和人民群众感情交流的过程。文化馆所提供的公共文化服务大多是以人为载体。正因为是以人为载体,因此,这种服务就不是单向的,呆板的,僵硬的,而是双向的、生动的、鲜活的。文化馆所提供的文艺演出、文化活动、文化艺术培训等服务,既是文化馆工作者向人民群众提供文化艺术产品、传授文化艺术知识与技能的过程,同时也是和人民群众交流思想感情的过程。在这过程中,文化馆工作者与普通百姓之间的感情被拉近,政府与人民群众之间的感情也被拉近。二是文化馆服务的过程是了解文化民意、文化民情、文化民生的过程。文化馆所提供的服务是与

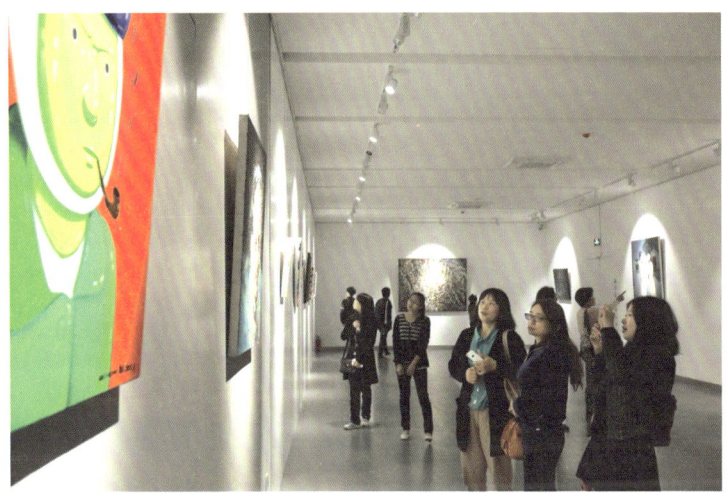

人民群众面对面、心贴心、零距离的服务。文化馆在服务的过程中自然而然地就会了解到人民群众的反应和心声，听到群众的评价和反馈意见，掌握人民群众的意愿和要求。因此，文化馆提供文化服务的过程既是改善文化民生的过程，也是了解文化民意、文化民情、文化民生的过程。三是文化馆服务的过程是吸引人民群众共同参与、共同享有、共同创造的过程。文化馆所设置的免费开放服务项目以及所开展的各种文化活动都特别强调和追求做到新颖、独特、益智、有趣，贴近当地的文化传统，贴近老百姓的文化需求，让人民群众乐于接受、乐于参与，并引导群众在文化建设中自我表现、自我教育、自我服务，让人民群众成为文化创造的主体。文化馆积极致力于通过提供优质、丰富的公共文化产品与服务，满足人民群众基本文化需求，提高人民群众的道德文化素质和精神境界，启发和培养人民群众的文化自觉，引导人民群众建立正确的价值观，养成健康的生活方式，激发广大人民群众的文化创造活力。因此，文化馆提供文化服务的过程也是吸引人民群众共同参与、共同享有、共同创造的过程。

第四，文化馆是弘扬社会主义核心价值体系和建设社会主义文化强国的重要载体。党的十七届六中全会提出了建设社会主义文化强国的战略目标，并指出，社会主义核心价值体系是兴国之魂，是社会主义先进文化的精髓，决定着中国特色社会主义发展方向。党的十八大又提出倡导富强、民主、文明、和谐，倡导自由、平等、公正、法治，倡导爱国、敬业、诚信、友善，积极培育和践行社会主义核心价值观。文化馆是弘扬社会主义核心价值体系和建设社会主义文化强国的重要载体和重要力量，在培育和践行社会主义核心价值观，促进文化传承和文化创新方面起着重要作用。一是优秀传统文化是群众文化活动的重要依托和资源。优秀传统文化凝聚着中华民族自强不息的精神追求和历久弥新的精神财富，是发展社会主义先进文化的深厚基础，是建设中华民族共有精神家园的重要支撑。优秀传统文化既是文化馆开展群众文化活动的重要资源，也是重要依托，许多重要的群众文化活动都是依托春节、清明、端午、中秋等传统节日以及重大历史事件、历史人物纪念日、当地特有的民俗活动而开展。二是社会主义核心价值体系是群众文艺创作、群众文化活动的精神内核。文化馆自觉地把社会主义核心价值体系作为群众文艺创作、群众文化活动的精神内核，通过创作和传播优秀的群众文艺作品及其他公共文化产品，开展人民群众广泛参与、丰富多彩的群众文化活动，大力弘扬民族精神和时代精神，倡导富强、民主、文明、和谐，倡导自由、平等、公正、法治，倡导爱国、敬业、诚信、友善，积极培育和践行社会主义核心价值观，丰富人民精神世界，增强人民精神力量。三是激发全民族文化创造活力、推动文化创新是文化馆的价值追求。建设社会主义文化强国，关键是增强全民族文化创造活力。文化馆的根本任务就是文化传承和文化创新，通过开展文化艺术普及，保护利用非物质文化遗产，组织开展丰富多彩的群众文化活动，提高全民族的科学文化审美素质，激发全民族的文化创造活力，使人民群众的精神风貌更加昂扬向上。

## "建设现代型文化馆"命题的提出

建设现代型文化馆并不是突发奇想，或是凭空而来的，它和全面深化改革，和建立健全现代公共文化服务体系，和建设社会主义文化强国，和建设富强、民主、文明、和谐的社会主义现代化国家，和实现中华民族伟大复兴的"中国梦"紧密关联。

换言之，建设现代型文化馆是时代对文化馆提出的必然要求。

第一，深化文化体制改革要求必须建设现代型文化馆。党的十八届三中全会作出了全面深化改革的决定。全面深化改革的总目标是完善和发展中国特色社会主义制度，推进国家治理体系和治理能力现代化。对于深化文化体制改革，《决定》要求"紧紧围绕建设社会主义核心价值体系、社会主义文化强国深化文化体制改革，加快完善文化管理体制和文化生产经营机制，建立健全现代公共文化服务体系、现代文化市场体系，推动社会主义文化大发展大繁荣"。文化馆是在计划经济时代建立的，在改革开放进行了30多年之后，在深入推进文化体制改革的新形势下，文化馆必须彻底摆脱计划经济时代形成的旧有模式，脱胎换骨，实现由计划经济时代的传统型文化馆向社会主义市场经济时代的现代型文化馆转变。

第二，构建现代公共文化服务体系要求必须建设现代型文化馆。十八届三中全会要求，"构建现代公共文化服务体系。建立公共文化服务体系建设协调机制，统筹服务设施网络建设，促进基本公共文化服务标准化、均等化。建立群众评价和反馈机制，推动文化惠民项目与群众文化需求有效对接。整合基层宣传文化、党员教育、科学普及、体育健身等设施，建设综合性文化服务中心。明确不同文化事业单位功能定位，建立法人治理结构，完善绩效考核机制。推动公共图书馆、博物馆、文化馆、科技馆等组建理事会，吸纳有关方面代表、专业人士、各界群众参与管理。引入竞争机制，推动公共文化服务社会化发展。鼓励社会力量、社会资本参与公共文化服务体系建设，培育文化非营利组织"。现代公共文化服务体系具有鲜明的现代性，要求和体现文化治理现代化、服务目标均等化、供给主体多元化、运行机制民主化、服务体系高效化。文化馆既是构建现代公共文化服务体系的骨干力量，也是现代公共文化服务体系的重要组成部分，必须具备和体现现代公共文化服务体系的特征。而文化馆要担负起构建现

代公共文化服务体系的重任,要具备和体现现代公共文化服务体系的特征,就必须实现由计划经济时代的传统型文化馆向社会主义市场经济时代的现代型文化馆转变,建设现代型文化馆。

第三,建设社会主义文化强国要求必须建设现代型文化馆。当今世界正处在大发展大变革大调整时期,世界多极化、经济全球化深入发展,科学技术日新月异,各种思想文化交流交融交锋更加频繁,文化在综合国力竞争中的地位和作用更加凸显,维护国家文化安全任务更加艰巨,增强国家文化软实力、中华文化国际影响力要求更加紧迫。当代中国进入了全面建设小康社会的关键时期和深化改革开放、加快转变经济发展方式的攻坚

时期，文化越来越成为民族凝聚力和创造力的重要源泉、越来越成为综合国力竞争的重要因素、越来越成为经济社会发展的重要支撑，丰富精神文化生活越来越成为我国人民的热切愿望。文化建设是中国特色社会主义事业总体布局的重要组成部分。没有文化的积极引领，没有人民精神世界的极大丰富，没有全民族精神力量的充分发挥，一个国家、一个民族不可能屹立于世界民族之林。物质贫乏不是社会主义，精神空虚也不是社会主义。没有社会主义文化繁荣发展，就没有社会主义现代化。中央提出了建设社会主义文化强国的战略目标，要求以建设社会主义核心价值体系为根本任务，以满足人民精神文化需求为出发点和落脚点，以改革创新为动力，发展面向现代化、面向世界、面向未来的，民族的科学的大众的社会主义文化，培养高度的文化自觉和文化自信，提高全民族文明素质，增强国家文化软实力，弘扬中华文化，着力推动社会主义先进文化更加深入人心，推动社会主义精神文明和物质

文明全面发展，不断开创全民族文化创造活力持续迸发、社会文化生活更加丰富多彩、人民基本文化权益得到更好保障、人民思想道德素质和科学文化素质全面提高的新局面，建设中华民族共有精神家园。文化馆作为文化建设的重要载体，要推动建设社会主义文化强国，进而推动中华民族走向伟大复兴，实现中国梦，就必须建设现代型文化馆。

## 对文化馆事业发展轨迹的回顾和梳理

要发展好文化馆事业，真正发挥好文化馆应有的功能和作用，我们有必要对文化馆发展的轨迹进行一次深刻的认识和大致的梳理。

首先，我们必须弄清楚，国家为什么要建立文化馆。

第一，从最初的动机上说，是为了掌握文化领导权。一个无产阶级政党在掌握政权之后，通常必须掌握政治领导权、经济领导权、社会领导权、文化领导权。按照西方马克思主义者、意大利共产党创始人安东尼奥·葛兰西的文化领导权理论，其认为，无产阶级在真正夺取国家政权之前，必须首先打破资产阶级已经建立的文化领导权，并且不断扩大无产阶级自身在"市民社会"中的"文化阵地"，以最终建立起自己的文化领导权；无产阶级在夺取国家政权，建立社会主义国家之后，仍应不断行使自己的文化领导权；行使无产阶级文化领导权的组织化力量，是其高度重视的无产阶级政党；无产阶级政党在实现自己的文化领导权时，应该专注于建立和巩固社会主义国家的文化领导权的机器。安东尼奥·葛兰西还认为，国家主要有"暴力的"和"同意的"两种统治方法。"暴力的"统治主要依靠国家的军事和警察力量的"镇压"手段；而"同意的"统治，则是靠"生产一种社会其他从属的和结盟的阶级和团体都接受的世界观、哲学和道德的看法"。只有通过普通人民的"同意"，国家才能牢固确立它的"历史合法性"，并且真正实现自己的伦理本质。换言之，无产阶级政党必须将自己的意志化为广大人民的普遍意志。只有这样，无产阶级的政

治与文化的领导权才能获得广泛的同意与支持。文化馆从成立之初,它排在第一位的工作就是宣传党的方针、政策,就是运用文艺的手段和形式,把党的意志化为人民群众的广泛意志。因此,从这一角度说,中国共产党在建立新中国后,迅速建立了文化馆,其本质上的动机就是为了掌握和巩固文化领导权。

第二,从功能上说,是为了繁荣发展群众文化。中国共产党一向重视群众工作,重视组织群众,宣传群众,发动群众。党也一向重视群众文化工作。党领导建立了瑞金苏维埃政权后的1934年1月,毛泽东在《第二届全国苏维埃代表大会上的报告》中总结文化教育工作成就时,明确提出了"群众文化运动"这个概念。他的所谓"群众文化运动",是指革命的政权,为了革命的目的,以革命的办法,开展群众运动来进行革命文化的建设。它包括:举办列宁小学、夜校、识字班、读报组、工农剧社、工农歌舞团、俱乐部及体育运动组织等普及性、综合性、群众性的多种多样的文化项目和活动。此后又出现了"群众文艺"、"群众艺术"等概念。这种文化现象还影响和渗透到了革命军队的政治工作之中。可以说,中国设置文化馆,其主要功能就是繁荣发展群众文化。因此,直到现在,文化馆从业人员都习惯称自己是群众文化工作者,文化馆所做的工作叫群众文化工作,文化馆所组织的队伍叫群众文化队伍,文化馆所组织的创作叫群众文艺创作,文化馆所开展的活动叫群众文化活动,文化馆所开展的理论研究叫群众文化理论研究,文化馆从业人员的职称系列也叫群众文化系列。群众文化几乎成了文化馆的代称。

第三,从名称上说,是为了和社会主义苏联保持一致。作为社会主义大家庭的成员,新中国建立之初,从经济体制到事业模式在很多方面是借鉴了苏联的做法。1949年10月新中国成立后,中央人民政府成立了教育部。教育部借鉴苏联兴办文化馆(此名称是我国在40年代从俄文翻译而来)事业的做法,将接收的国民政府遗留下来的近千个民众教育馆,以及解放区的民众教育馆,改称和改建为人民文化馆。1952年5月,中央人民政府为了更好地在工农群众中开展文化工作,由教育部和文化部联合发出通知，将各地人民文化馆划归文化部门领导。文化部接管人民文化馆事业以后，对人民文化馆的情况进行了调查研究，并将人民文化馆改为文化馆。

其次，我们必须弄清楚，国家对文化馆事业采取了怎样的建设方法、管理方法和管理体制。

第一，国家对文化馆事业的建设方法是渐进式的。中国的文化馆事业从机构体系上来说，包括了中央文化馆、省级文化馆、市级文化馆、县级文化馆、乡镇文化站、村级（社区）文化室。但是，这种机构体系并不是从一开始就是完善的，甚至直到今天也未能完善，其原因，就是政府对文化馆事业的建设方法是渐进式的。新中国成立后，中央人民政府第一步是将国民政府遗留下来的近千个民众教育馆，以及解放区的民众教育馆，改建为人民文化馆，并新建了一批人民文化馆，同时，在乡镇开始建立文化站；第二步是在1955年，文化部在北京、浙江试办省级群众艺术馆成功后，1956年，文化部要求各省、自治区、直辖市建立群众艺术馆；第三步是在1956年10月，文化部成立了中央群众艺术馆，1957年下半年，中央群众艺术馆又被撤销；第四步是在1992年，文化部明确提出，省、自治区、直辖市，计划单列市，地（州、盟）、地级市设立群众艺术馆，县、旗、县级市、市辖区设立文化馆。在60多年文化馆事业的建设过程中，中央政府对文化馆事业机构建设和扶持的重点是县级文化馆和乡镇文化站。

第二，国家对文化馆事业的管理方法是探摸式的。中国特色社会主义事业是一项前无古人的事业，中国道路一直是在摸索中前进，因此，中国对文化馆事业的管理方法也是探摸式的。1953年12月8日，文化部发布了《关于整顿和加强文化馆、站工作的指示》，该文件明确使用了"群众文化工作"、"群众文化事业"、"群众文化组织"等具有专指内容的名词，从此"群众文化"成为文化馆、站的主要工作内容，"群众文化"一词也作为和"专业文化"相对应的专用名词广泛使用开来。为了加强对群众业余艺术活动的业务指导，1956年，文化部决定在各省、自治区、直辖市普遍建立群众艺术馆，后来一些地（市）、州也陆续建立群众艺术馆。1981年7月，文化部颁布了《文化馆工作试行条例》。1992年2月，文化部

为了促进文化馆事业发展，颁布了《群众艺术馆、文化馆管理办法》。从这一《管理办法》中，我们可以清晰地看出在由计划经济向市场经济转轨的过程中，国家对文化馆事业管理方法和管理内容中变化和探摸的痕迹。

第三，国家对文化馆事业的管理模式是行政式的。文化馆自建立之初，一直被置于严格的行政管理体制之下。1949年新中国成立后到1952年5月，文化馆事业一直由教育部社会教育司领导和管理。1952年5月，人民文化馆划归文化部领导和管理之后，凡人民文化馆的工作检查、干部调配及经费预算等，统由各级文化行政机关掌管。1954年，中央人民政府文化部改为中华人民共和国文化部。1958年以前，群众文化工作分别由文化部所属的艺术事业管理局和社会文化事业管理局管理。艺术事业管理局除管理专业艺术事业外，也管理群众艺术和群众艺术馆事业。社会文化事业管理局管理文化馆、文化站、俱乐部事业和图书馆事业。为了适应群众文化蓬勃发展的需要，加强对群众文化事业的领导，1958年，文化部决定成立群众文化事业管理局，由群众文化事业管理局统一管理群众艺术馆、文化馆（站）事业。1964年，群众文化事业管理局撤销，改为群众文化办公室。1978年，文化部在艺术事业管理局内设立了群众文化处，1979年初恢复设立群众文化事业管理局，1988年将群众文化事业管理局改为社会文化事业管理局，1989年将社会文化事业管理局改为群众文化司，1994年将群众文化司改为社会文化司，1998年将社会文化司、少数民族文化司、图书馆司合并成立社会文化图书馆司，2008年更名为社会文化司。为了加强对群众艺术馆、文化馆（站）的管理，文化部社会文化司第一次单独设立了文化馆处。2012年5月，文化部又将社会文化司更名为公共文化司。尽管司、局的名称一变再变，但其管理全国文化馆事业的行政职能一直未变。全国各级文化馆、站也都一直被置于各级文化行政主管部门的管理之下。

再次，我们必须弄清楚，文化馆事业经历了怎样的发展阶段，发挥了怎样的作用。

第一，文化馆事业经历了三个发展阶段。第一个阶段是从1949年到1978年。这一阶段就国家而言是计划经济体制时期，政治是中心，因此，这一阶段文化馆的工作主要是为政治服务。第二个阶段是从1979年到2002年。这一阶段是国家实行改革开放，由计划经济向市场经济转轨，逐步建立社会主义市场经济体制时期，经济建设是中心，这一阶段文化馆的工作主要是为经济建设服务。第三个阶段是从2002年至今。这一阶段是国家在科学发展观指导下深入推进改革开放，坚持走中国特色社会主义道路时期，这一时期强调经济、政治、文化、社会"四位一体"和经济、政治、文化、社会、生态"五位一体"建设，这一阶段文化馆的工作主要是保障人民群众基本文化权益。

第二，文化馆做了大量的卓有成效的工作。一是积极宣传党的方针、政策。在不同的历史时期和发展阶段，文化馆均以不同形式，积极宣传党的路线、方针、政策，推动了党的路线、方针、政策在基层的落实。二是以文艺的形式弘扬社会主义核心价值体系，建设和传播先进文化。文化馆是倡导、传播主流文化和先进文化的重要阵地。文化馆所创作和提供的公共文化产品体现着社会主义核心价值观和先进文化导向。三是面向群众开展公益性文化艺术教育。文化馆普遍针对当地群众需要，常年免费开办音乐、舞蹈、戏剧、曲艺、书法、美术、摄影、民间文化等方面的培训班，供群众选择学习。四是免费为群众提供开展文化活动的场所和空间。文化馆普遍设有各种各样的文化活动项目和场地，这些项目和场地免费向群众开放。群众在这里可以参与到看展览、听讲座、唱歌、跳舞、吟诗、作画、练书法、奏民乐、唱戏曲等各种活动中来。五是常年组织开展丰富多彩的群众文化活动。文化馆常年组织开展群众文艺演出活动、书法美术摄影展览活动、民族民间文化展示活动、文艺辅导活动、文艺比赛活动等，这些活动极大地丰富了人民群众的文化生活。六是文化馆常年对群众文艺团队、文化站以及基层开展辅导、指导、培训等工作。文化馆组织和培育了大批业余文艺团队，并负责对辖区内群众文艺团队、文化站进行业务上的辅导、指导、培训，促进了区域内群众文化的发展和繁荣。七是常年开展送演出进社区、进乡村等活动。文化馆通过开展流动服务，使更多的人群受益，并使服务更多地向偏远地区群众、残疾人、未成年人、老年人、外来务工人员倾斜。八是开展民族民间文化保护。搜集、整理、保护、传承民族民间文化一直是文化馆一项极为重要的工作内容。文化馆为保护、传承、发展民族民间文化做了卓有成效的工作。九是推动文化创新。文化馆大力开展群众文艺创作，参与民间文化之乡建设，推动了国家的文化创新。

第三，文化馆发挥了重要的不可替代的作用。一是为群众提供了基本公共文化服务，丰富了人民群众的文化生活，在一定程度上满足了人民群众的基本文化需求，保障和实现了人民群众的基本文化权益。二是发展繁荣了群众文化，使人民群众广泛参与到文化中来，体现了人民群众在文化建设中的主体地位，发挥了人民群众在文化建设中的重要作用。三是对传承优秀民族民间文化，发展先进文化，建设中华民族共有精神家园作出了贡献。四是提高了人民群众的科学文化素质，促进了社会的和谐、稳定，提高了人们的幸福指数。五是激发了人民群众的文化创造活力，使人民群众的精神风貌更加昂扬向上。

最后，我们还必须弄清楚，文化馆事业发展曾经遭遇的曲折和走过的弯路。

第一，因为国家发展遭遇曲折而带来的曲折。文化馆事业是社会主义事业的一个部分，因为国家发展遭遇曲折，文化馆事业也随之遭受了曲折。在文化馆的发展历程中，"大跃进"时期、三年"经济困难时期"、"文化大革命"时期，文化馆的建设和发展都曾受到国家整体政治和经济环境的负面影响，或在机构和设施建设上停滞和倒退，或在服务重点和服务内容上有所走偏，或在服务能力和服务效果上有所下降。

第二，经营活动的开展影响和削弱了文化馆的公益性。文化馆从成立之初其性质就是公益性文化单位。但是，由于国家对文化事业经费投入一直严重不足，文化馆的经济状况也一直捉襟见肘，这在相当大的程度上影响和制约了文化馆的工作开展。20世纪90年代，为了解决文化馆业务经费不足问题，文化馆曾被迫普遍开展过"多业助文、以文补文、以商补文、以工补文"等经营活动，或开办工厂，或开办营业性的舞厅、游戏房，或办公司，或出租房屋给他人从事与文化无关的活动。文化部在《群众艺术馆、文化馆管理办法》中，也明确提出两馆要"积极开展以文补文和多种经营活动，要正确处理社会效益和经济效益的关系，其收入主要用于两馆事业的发展"。虽然这些举措在当时缓解了文化馆的经济压力，但是，由于方向上出现了偏差，结果严重影响了文化馆的主业，影响了文化馆的职能定位，模糊了文化馆的公益性文化事业机构形象。这种负面影响一直延续至今，尚未完全消除。

## 文化馆事业的现状

要建设现代型文化馆，我们也必须对文化馆事业的现状进行盘点和分析。

首先，我们看一下文化馆事业发展的政策环境和制度环境。

从2002年以来，特别是2005年党的十六届五中全会提出要"加大政府对文化事业的投入，逐步形成覆盖全社会的比较完备的公共文化服务体系"以来，文化馆事业发展的政策环境和制度环境越来越好。

第一，党和国家对文化馆事业的发展给予了重要的政策支撑。一是进一步明确了文化馆的公益属性。2002年11月，党的十六大首次把文化建设区分为文化事业和文化产业，这为文化馆回归公益性质奠定重要的基础。2003年6月，国务院颁布的《公共文化体育设施条例》，从法律上确立了文化馆的公益属性。二是把文化馆纳入公共文化服务体系范畴，明确了文化馆的发展方向。文化馆是坚持公益性文化事业性质，还是走产业化道路，或是走产业与事业相结合的道路，曾是一个争论不休的问题。2007年8月下发的《中共中央、国务院关于进一步加强公共文化服务体系建设的若干意见》（中办发〔2007〕21号），把文化馆建设作为我国公共文化服务体系重要内容，明确了文化馆的发展方向，并对其发展作出了明确的规定，要求包括文化馆在内的各类公共文化设施要进一步明确服务标准，创新服务方式，为城乡居民提供优质高效、普遍均等的公共文化服务。文化馆要发挥综合功能，辐射和带动群众性文化活动的开展。文化馆和乡镇综合文化站要坚持公益性事业单位的性质，不得企业化或变相企业化，不得以拍卖、租赁等形式改变其文化设施用途，以挪作他用的要限期收回。从此，基本结束了社会上对文化馆性质的争论。三是建设"文化强国"目

标的提出，把对文化馆作用的认识提到一个新的高度。2011年10月，党的十七届六中全会决定提出了建设文化强国的宏伟目标。《决定》把文化馆排在各类公共文化服务设施之首，明确要求，"加强文化馆、博物馆、图书馆、美术馆、科技馆、纪念馆、工人文化宫、青少年宫等公共文化服务设施和爱国主义教育示范基地建设并完善向社会免费开放服务"，把对文化馆作用的认识提到一个新的高度。四是"全面建成小康社会"目标的提出，赋予文化馆新的历史责任和历史使命。2012年11月召开的党的十八大，提出到2020年全面建成小康社会。十八大报告中指出，实现中华民族伟大复兴，必须推动社会主义文化大发展大繁荣，兴起社会主义文化建设新高潮，提高国家文化软实力，发挥文化引领风尚、教育人民、服务社会、推动发展的作用，进一步要求"完善公共文化服务体系，提高服务效能"。这赋予了文化馆新的历史责任和历史使命。五是"构建现代公共文化服务"要求的提出，对文化馆事业发展提出了更高要求。党的十八届三中全会要求"构建现代公共文化服务体系"，这对文化馆的建设和服务提出了更高的要求，也从政策上对文化馆事业发展给予了更有力的支撑。

第二，国家实施了一系列有利于文化馆事业建设和发展的重大举措。近年来，国家实施了一系列重大文化建设工程，这些工程对文化馆（站）的建设和发展产生了极其重要的积极影响。一是实施了一系列文化馆（站）的重大工程，极大地改善了文化馆（站）硬件设施。国家所实施的一系列有关文化馆（站）的重大工程主要包括："十一五"时期，国家实施的县级图书馆文化馆修缮项目、乡镇综合文化站建设项目、城市社区文化中心（文化活动室）设备购置项目、文化信息资源共享工程建设项目、流动舞台车购置专项等一系列重大文化设施建设项目；"十二五"时期，国家继续实施文化信息资源共享工程建设项目、城市社区文化中心(文化活动室)设备购置专项，并实施标准化电子阅览室建设工程，以及包括支持地市级群众艺术馆建设在内的《全国地市级公共文化设施建设规划》。二是非物质文化遗产保护工作的开展，扩展了文化馆（站）的职能范围，丰富了工作内容。搜集、整理、保护民族民间文化艺术遗产一直是文化馆

（站）的传统职能。2003年，国家启动了中国民族民间文化保护工程，开展了非物质文化遗产保护工作，全国绝大多数地方把当地的非物质文化遗产保护中心设在了文化馆。文化馆由原来主要搜集、整理、保护民间文学、民歌、民间舞蹈、民间音乐，一下子扩展到了保护和利用包括传统美术、传统手工技艺、传统戏曲、曲艺、传统医药、游艺、竞技、杂技以及民间习俗等在内的所有非物质文化遗产，这大大扩展了文化馆（站）的业务范围，丰富了工作内容，并强化了文化馆（站）在文化传承特别是活态文化传承方面的功能。三是积极修订《文化馆管理办法》，颁布《乡镇综合文化站管理办法》，进一步明确了文化馆（站）的性质、职能和任务。2009年9月15日，文化部颁布了《乡镇综合文化站管理办法》。该《管理办法》对乡镇综合文化站的性质、规划和建设、职能和服务、人员和经费、检查和考核等均作出了明确的规定。目前，文化部正在积极修订《文化馆管理办法》。四是"免费开放"明确了文化馆（站）服务的主要内容和要求，建立了文化馆（站）的经费保障机制和标准，推动了文化馆（站）服务模式的根本转变。2011年1月27日，文化部、财政部下发《关于推进全国美术馆、公共图书馆、文化馆（站）免费开放意见》。2011年2月18日，文化部、财政部召开全国美术馆、公共图书馆、文化馆（站）免费开放工作电视电话会议，要求2011年年底之前，全国所有文化馆（站）实现无障碍、零门槛进入，公共空间设施场地全部免费开放，所提供的基本服务项目全部免费。2012年年底之前，全国所有文化馆的一级馆、省级馆、省会城市馆、东部地区馆（站）免费提供的基本公共文化服务质量和水平不断提升，形成两个以上服务品牌，其他文化馆（站）实现基本公共文化服务项目健全，并免费提供。对于文化馆（站）开展免费开放服务后的经费，其人员、公用等基本支出由同级财政部门予以保障，开展基本公共文化服务项目所需经费由中央和地方财政共同负担，中部地区中央财政补贴50%，西部地区中央财政补贴80%，对东部地区通过"以奖代补"的方式予以支持。中央财政确定地市级文化馆补助标准为50万元，县级文化馆补助标准为20万元，乡镇综合文化站补助标准为5万元。

"免费开放"政策确立了服务是文化馆（站）工作的核心，文化馆（站）必须坚持以服务为出发点和落脚点，一切围绕服务，一切体现服务，一切落实服务，要确立设施即服务、产品即服务、技术即服务、能力即服务、管理即服务、创新即服务的理念，不断提高文化馆（站）的服务效能，从而推动了文化馆（站）服务模式的根本转变。五是颁布了《文化馆建设用地指标》、《文化馆建设标准》、《乡镇综合文化站建设标准》，推动了文化馆（站）设施建设的科学化与规范化。中华人民共和国住房和城乡建设部、中华人民共和国国家发展和改革委员会先后颁布了《文化馆建设标准》、《乡镇综合文化站建设标准》。建设标准内容包括总则，建设规模、项目构成与选址，建筑面积指标，建筑标准与建筑设备，推动了文化馆（站）设施建设的科学化与规范化。六是解决了文化站编制问题，把文化馆（站）工作者队伍、业余文艺骨干、文化志愿者队伍的培训纳入基层文化队伍培训，提高了文化馆（站）队伍的素质和服务能力。为进一步充实乡镇综合文化站人员，2010年，中宣部、中组部、中编办、国家发展改革委、财政部和人力资源和社会保障部联合下发了《关于加强地方县级和城乡基层宣传文化队伍建设的通知》（中宣发〔2010〕14号），其中对乡镇综合文化站人员编制问题进行了明确规定："每个乡镇综合文化站（中心）至少应有1至2个编制，比较大的乡镇可适当增加编制。"这为乡镇综合文化站人员配备提供了坚实的制度保障。从2011年起，文化部在全国广泛开展的基层文化队伍培训工作，把文化馆（站）工作者队伍、业余文艺骨干、文化志愿者队伍的培训纳入基层文化队伍培训，提高了文化馆（站）队伍的素质和服务能力。七是开展了文化馆（站）的评估工作，正在制定《文化馆（站）服务标准》，推动了文化馆（站）服务的规范化。2011年，文化部开展了全国第三次文化馆评估定级工作。2013年，开展了全国乡镇文化站评估定级工作，并且正在制定《文化馆（站）服务标准》。这些举措都推动了并将进一步推动文化馆（站）服务的标准化、规范化。八是成立中国文化馆协会，举办中国文化馆年会，使文化馆有了自己的行业组织和展示、交流的平台。为贯彻党的十八大、十八届三中全

会精神,创新公共文化管理体制,推动政府职能转变,加强文化馆行业管理,文化部于2014年9月成立中国文化馆协会,并于2014年12月举办首届中国文化馆年会。这使得文化馆(站)有了自己的行业组织和展示、交流的平台。

其次,我们看一下文化馆事业目前所取得的成绩。

第一,文化馆机构体系基本完整。文化馆机构体系中,一直没有国家文化馆。中央群艺馆刚一成立,又很快夭折。2012年,根据中央机构编制委员会办公室《关于文化部所属事业单位清理规范意见的函》,文化部全国文化信息资源建设管理中心更名为文化部全国公共文化发展中心,该中心除继续开展文化信息资源建设管理的相关工作外,代行国家文化馆的职能,开展公共文化服务体系建设政策理论研究、群众文化活动指导、组织及相关人员培训等。至此,可以说,中国五级文化馆机构体系基本完整。

截至2013年底,我国县级以上文化馆、群众艺术馆数量达到3315个,文化站40945个,村(社区)文化室25万个。

第二,文化馆(站)基础设施建设得到极大改善。近年来,国家实施了一系列文化馆(站)的重大工程,文化馆(站)设施得到极大改善。中央财政从2009年开始,两年共投入58222万元,对全国面积不达标的447个公共图书馆、1147个文化馆进行修缮。近年,各

地新建了一大批高标准的文化馆。"十一五"期间,针对乡镇综合文化站设施陈旧落后的问题,文化部、国家发展改革委先后投入39.48亿元,在全国实施了"乡镇综合文化站建设项目",按照每个乡镇文化站300平方米的标准,新建和扩建2.67万个农村乡镇综合文化站。

第三,文化馆(站)日常经费保障渠道初步建立。2011年1月26日,文化部、财政部共同印发《关于进一步推进美术馆、公共图书馆、文化馆(站)免费开放的意见》,按照地市级图书馆、文化馆每馆50万,县级两馆每馆20万,乡镇综合文化站每个5万元的标准,共投入18亿元用于补助两馆一站免费开放。通过免费开放,文化馆(站)日常经费保障渠道已初步建立。

第四,乡镇综合文化站规范化管理得到加强。2009年9月8日,文化部颁布《乡镇综合文化站管理办法》,进一步明确了乡镇综合文化站的性质、职能、任务,并从规划、人员、经费、设施设备等方面对乡镇综合文

化站的建设和管理做了规定。

第五，文化馆的行业管理得到加强。为贯彻落实党的十八届三中全会精神，加快政府职能转变，推动文化馆行业发展，2014年9月11日，中国文化馆协会在北京成立。中国文化馆协会是由文化馆站、群众艺术馆、其他行业公共文化机构以及有相关经历的文化工作者等组成的全国性非营利社会组织，致力于服务文化馆相关机构及其工作者，引导文化馆事业科学发展，是文化馆行业交流和服务的平台、党和政府联系文化馆相关机构及其工作者的桥梁。中国文化馆协会的成立，将对文化馆事业发展起到重要作用。

第六，文化馆的服务效能不断提高。一是免费开放不断深化。文化馆是公共文化服务的主阵地和窗口单位。全国各级文化馆按照免费开放的工作要求，纷纷制定《文化馆服务规范》，不断深入推进免费开放工作。文化馆普遍建立了免费开放公示制度，编印和发放《文化馆免费开放指南》以及宣传海报和宣传单，并做好窗口接待、场所引导和资料提供。根据人民群众的意愿和需要，各级文化馆按照公益性、基本性、均等性、便利性、贴近性、参与性、引导性、创新性原则，不断充实和调整免费开放服务项目。各地文化馆所设置的阵地服务项目有公益交响乐演出、公益剧场、公益培训、公益展览、公益电影、公益讲座、群星舞台、群星展厅、群星课堂、梨园茶座、雅韵坊、故事讲堂、免费书场、市民讲堂、生活美学课堂、免费市民艺术学校、打工学堂、特困职工子女和农民工子女艺术培训、民间工艺坊、非物质文化遗产展示厅、视听室、报刊阅览室、公共电子阅览室、普及性文化艺术培训、老年艺术培训、文艺团队孵化基地、文艺作品孵化基地、文艺创作辅导班、基层文化干部和文艺骨干免费培训、文艺沙龙、免费发放群众文艺资料和馆办群众文化杂志、广场文艺演出等，设置的流动服务项目有下基层辅导、艺术扶贫、基层文艺演出、群文流动大讲堂、摄影大篷车、群众文艺精品推广、区域文化联动、文化走亲、非物质文化遗产进校园、书法教育进校园、创作采风活动等，设置的数字化服务项目有文化信息共享工程基层点、公共电子阅览室、网上文馆、数字文化馆体验馆等。免费开放项目广泛吸引了群众参与。二是群众文化活动丰富多彩。各级文化馆积极组织开展群众文化活动，并让群众成为舞台的主角。三是面向农民工和弱势群体的文化服务贴心、到位。基层文化馆积极面向农民工和弱势群体开展文化服务。四是面向农村、社区的文化惠民服务形式多样。五是对基层文艺团队、文化骨干的培训辅导取得新实效。基层文化馆加强对城乡优秀文化团队和业余文化骨干的辅导培训，带动了当地业余文艺团队健康发展，许多文化馆还建立了文化志愿者队伍。六是网上公共文化服务取得新进展。各级文化馆加强了网上文化馆建设，利用现代技术手段开展文化服务，得到社会的广泛认可和欢迎。

总起来说，目前，文化馆已形成了较为完备的体系，文化馆的公益性质得到了强化，文化馆在公共文化服务体系中的骨干作用日益凸显，文化馆在文化引领、文化传承、文化创新、文化繁荣中的作用得到了显著发挥。

再次，我们看一下目前文化馆事业存在的问题与不足。

第一，国家对文化馆事业发展的顶层设计不够。一是没有制定国家层面的文化馆事业发展规划。二是没有制定《文化馆法》。三是尚没有建立起完整和完善的文化馆体系，包括完整和完善的文化馆机构和设施体系、制度体系、理论体系、学科体系。

第二，各级文化行政主管部门对文化馆的管理方法和管理手段落后。一是各级文化行政主管部门对文化馆的管理还停留在计划经济时代，管得太死，统得太死，文化馆在经费使用、进人用人、奖励分配等方面缺乏自主权。二是各级文化行政主管部门没有把文化馆作为独立的公共文化单位去对待，而是作为行政的附属，没有很好地按照文化馆自身的职能、定位去管理文化馆，不恰当的以及随意性的行政命令、行政干预较多，使得文化馆成为行政附庸，失去独立性和自主性。

第三，文化馆的理念、设施、机制、队伍、产品、服务还不能适应构建现代公共文化服务体系的要求。一是文化馆的理念还没有完全摆脱计划经济时代的影响，服务意识不强，服务动力不足。二是文化馆的设施还不完善。"十一五"以来，在各级财政的大力支持下，文化馆的设施面貌有了很大改善，但是，目前，仍有不少文化馆设施条件较差，特别是不少省级文化馆设施条件很差。全国31个省级文化馆中，有7个因为硬件设施太差没有参加全国第三次文化馆评估定级，还有7个虽然参加了评估定级但未能达到等级馆标准，累计占了省级文化馆总数的45%。省级文化馆是一省文化馆体系的龙头，省级文化馆硬件设施不达标严重影响了文化馆行业的形象，也影响了省级文化馆作用的发挥。三是文化馆的工作缺乏业务规范和服务标准，不少文化馆工作随意性较强，未能全面履行职能。四是文化馆内部管理机制落后，作风散漫，难以形成合力。五是文化馆人才队伍年龄结构、专业结构不合理，总体素质不高。六是文化馆的公共文化产品单一、陈旧、低端，说教色彩较浓，缺乏文化内涵。七是文化馆服务手段还比较落后，科技含量较低。八是文化馆之间的协作、协同服务不够，文化馆的资源缺乏有效的整合和共享、共用，文化馆体系的整体效能没有得到充分发挥。

## 推动文化馆改革发展的探索和实践

20世纪90年代以来，随着改革开放的深入推进，文化馆界的有识之士一直在为文化馆事业的发展呐喊、呼号，并为推动文化馆改革发展作出各种努力。全国各地的文化馆在改革发展方面进行了许多探索和实践。

2005年，笔者出版了《江苏十大文化馆研究报告》，该书对江苏10个县、区级文化馆进行了研究。南京市建邺区文化馆的兴馆之道在于准确定位，其办馆特色是体现公共性，增强文化馆的吸引力和凝聚力；突出人民性，增强文化馆的服务力和感召力；强化开放性，增强文化馆的影响力和发展力。常熟市文化馆蓬勃发展的根本是不断改革，其办馆特色是面向基层，以团队建设带动地方特色文化建设；服务基层，以开展活动满足人民群众文化需求；融入基层，以艺术精品传播社会主义先进文化。吴江市文化馆的活力在于开展活动，其办馆特色是把开展活动作为振兴文化馆的突破口，让活动产生最大的社会效益和经济效益，用活动带动文化馆的整体工作，让活动成为文化馆发展的永恒动力。南京市鼓楼区文化馆的办馆特色是凸显先进性：树立阵地形象，凸显设施的先进性；不断深化改革，凸显管理的先进性；推介示范团队，凸显队伍的先进性；开展品牌活动，凸显创意的先进性；打造艺术精品，凸显内涵的先进性；丰富服务手段，凸显观念的先进性。常州市武进区文化馆的兴盛之源是全面贴近：贴近实际，以特色活动和谐人心；贴近基层，以优质服务提升群众文化水平；贴近群众，以丰富的手段满足人民群众的文化需求；贴近生活，用艺术精品为人民群众提供最美的艺术享受。建湖县文化馆的目标定位全面争先：全面改善环境，提升文化馆窗口形象；全面创新活动，凸显先进文化魅力；全面突出服务，优化文化生态环境；全面强化特色，打造地方文化品牌；全面提高素质，确保文化馆可持续发展。通州市文化馆的成功之道是品牌立

馆，其办馆特色是创新、创优：精心打造阵地品牌；求特、求活：着力打造活动品牌；高妙、高格：重点打造创作品牌；热心、热诚：倾心打造服务品牌。太仓市文化馆的强馆方略是特色制胜，具体做法是确立特色：强固文化馆的根基；彰显特色：提升文化馆的地位；弘扬特色：打造文化馆的品牌；特色带动：促进文化馆的发展。海安县文化馆的发展新思路是走出阵地办馆，以提供优质公共文化服务为天职，为政府办大事，为百姓办实事，为基层办好事，为部门办盛事。他们提出，走出阵地，把文化馆越办越大；服务社会，把先进文化送进千家万户。他们提出创新办文化馆，并通过敢于说不、以文化人、走出阵地、持续学习、做大做强、资源共享、文企联姻、融入校园、馆站联动、非遗保护、理论探索，把创新办馆落到实处。此外，江阴市文化馆的办馆理念是热诚服务，其办馆特色是服务中心：唱响先进文化的主旋律；服务基层：提升文化活动的整体水平；服务农村：实现人民群众的文化权益。

江苏省文化馆从2004年起年年开展"文化民生——基层文艺巡演活动"，把人民群众需要的公共文化产品和服务送到基层。浙江省文化馆开展了新农村"文化良种"培训基地建设，既送文化，又种文化。江苏省吴江市文化馆开展"区域文化联动"，联合吴江市、苏州市、长三角、大运河沿线江苏段城市文化馆、站，以广场文艺联演为主要载体，同时开展电影联映、书画联展、优秀社团联评、文艺创作联动和理论研究联动，建立了区域内文化交流、互动、共建、共创、共荣的机制和格局，提升了区域内公共文化服务的水平和服务力。上海市群众艺术馆以"打造多彩的人文艺术家园"作为目标，在新建的17000平方米的馆舍内，设置了36个能够让老百姓自由进出的活动区域，服务项目包括艺术展览、书报阅览、信息服务、非遗展示、数字健身、视听服务、文化讲座、公益演出观摩、数字电影观看、艺术普及培训等，并全部免费。北京市西城区文化馆从2008年起提出了"五项公益"的理念，即针对百姓、零门槛、全免费开展公益演出、公益培训、公益讲座、公益展览、公益电影活动。北京市朝阳区文化馆在2004年就创办了免费的"民工影院"，还拓展出送电影上工地的流动影院，每年为农民工放电影5000多场。浙江省杭州市文化馆自2008年以来积极推进杭州市群众文化"集约化、一体化"的群文资源配送服务，他们利用"一网"（杭州群众文化网）、"一团"（杭州群星艺术总团，下辖歌舞、滑稽、民乐、铜管、合唱、少儿、中老年、腰鼓等八个团）、"一体系"（群众文化团队评级管理体系）的平台和市属专业文艺团体的资源，建立市民与专业文艺团体演出的供需渠道，由政府提供资金支持，有针对性地为群众提供所需要的文艺演出。上海市徐汇区文化馆积极拓展文化服务范围，举办各种社区文化艺术节、国际儿童戏剧节、农民工艺术节等，通过讲坛等形式，将服务送到残疾人、孤寡老人、服刑人员和社区矫正人员身边，满足地域不同人群的文化需求。深圳市群众艺术馆通过开展免费艺术培训让市民走进高雅艺术殿堂，他们在开展免费艺术培训的过程中，不断启发市民的文化自觉，引导市民充分认识、珍惜和享受自己的文化权利，通过彰显文化的魅力，吸引更多的市民走进群艺馆，走近文化艺术，在接受文化艺术熏陶的过程中不断认识自己、发现自己、提高自己、丰富自己，进而让文化艺术成为自己日常的生活内容和生活方式。在免费培训中，深圳市群艺馆既注重普及，又注重提高，既注意传播大众艺术，又注意传播高雅艺术，在切实保障群众基本文化权利的同时，不断提升群众的审美水平。为了进一步激发人们学习文化艺术的兴趣和热情，深圳市群艺馆还年年举办"走进艺术殿堂"公益性艺术培训展示会，全面展示和

检阅每一年艺术培训活动的成果，展示学员们的艺术风采和精神风貌。重庆市渝中区文化馆制订了免费开放的服务标准，建立了免费开放公示制度，做到免费开放服务标准化、制度化、规范化。重庆市大渡口区文化馆积极探索文化馆"总分馆制"，建立了"统一网点布局"、"统一设备资源"、"统一保障经费"、"统一人员管理"、"统一文化服务"、"统一考核管理"、"统一形象标识"、"统一岗位培训"、"文化馆总分馆制"模式，带动了镇（街）综合文化站的制度化、规范化服务，整合了区文化馆与镇（街）综合文化站的资源和服务，提升了镇（街）综合文化站的服务水平和质量。宁波市文化馆创立了"群星课堂"、"群星展厅"、"群星舞台"免费开放项目品牌，开展了"天然舞台"系列活动，开办了117艺术中心，使文化馆的服务惠及全体市民。江苏省南通市崇川区文化馆根据基层和群众的需要，充分发挥文化馆自身人才的优势，主动走出文化馆，走进街道、社区、企业、部队、机关、学校，开办"群文流动大讲坛"，为群众提供更为灵活和更有针对性的讲座服务。宁夏银川市文化艺术馆精心组织开展"玉皇阁广场文艺演出"，每年4月16日至10月16日，在玉皇阁广场天天有演出，让人民群众成为文艺舞台的主角。该馆还依托当地的民族文化资源，利用文化馆自身人才力量，精心编创24套广场民族健身舞。他们将广场民族健身舞的编创、培训、比赛依次展开，并从制作和免费发放教学光盘、免费培训骨干和抓培训示范点入手，使培训覆盖广

泛的人群。成都市文化馆建立了"金字塔"型四级联动辅导机制，由150名各类艺术院校专业教师、专业院团骨干演员和市文化馆专职辅导干部共同组成市级骨干群众文艺专家辅导队伍；整合各区（市）县各文化馆群众文艺辅导资源及社会优秀艺术人才，对各区（市）县933名辅导员进行登记造册，形成二级辅导梯队；在此基础上，对街道（乡镇）3799名辅导员进行登记，形成第三级辅导梯队；对社区（村）8475名辅导员进行统筹指导。全市群众文艺辅导员超过1.2万人。他们每年组织全市基层文化人员进行业务培训，开展群众艺术团体辅导活动，培训群众文艺骨干达5万余人次，辅导培训群众近100万人次。成都市文化馆还发起成立了成都市文化志愿者协会，协会由成都画院、成都图书馆、成都市川剧院、武侯祠博物馆、杜甫草堂博物馆、成都理工大学、成都大学、区（市）县文化职能单位等51家单位共同筹建，机构设在成都市文化馆，由成都市文化馆牵头负责开展全市文化志愿者服务工作。在成都市文化馆组织推动下，成都市文化志愿者协会已拥有分会55家，注册登记会员1.6万多名，开展志愿服务项目和活动约300场次，依托全市基层文化阵地建立了300多个文化志愿者辅导点，为全市30万群众提供了文艺才能培训等志愿服务。

在文化馆的改革发展中，许多文化馆也在努力推动和实现自身的转型。在办馆理念上由以我为中心向以人民为中心转型；由被动服务向主动服务转型。在文化馆的形态上由机关型文化馆向服务型文化馆转型；由守成型文化馆向创新型文化馆转型；由低效能文化馆向高效能文化馆转型。在文化馆的机制上由管理向治理转型。在文化馆生产的产品上由重意识形态向重文化内涵转型；由重概念说教向重思想性、艺术性转型。在文化馆提供的服务上由提供单一、低端、低质量服务向提供丰富、高端、高质量服务转型；由提供常规性服务向提供创新性服务转型；由单一提供固定服务向提供固定服务、流动服务、数字服务相结合转型。

文化馆人这些年来适应形势的发展、变化和公共文化服务体系建设的需要对推动文化馆的改革发展和转型发展所付出的努力和所取得的成效，为建设现代型文化馆打下了重要的基础。

# 现代型文化馆构想

建设现代型文化馆是时代的要求，是文化馆人自觉的追求，也是文化馆事业发展的必然。

关于现代型文化馆，有几个问题我们必须弄清楚。

首先，我们必须弄清楚，现代型文化馆是针对什么而言，文化馆从建立到今天经历了哪几种模式，其特征是什么。

第一，现代型文化馆是针对传统型文化馆而言。我们姑且把计划经济时代的文化馆模式称之为传统型文化馆，把未来要建立的文化馆模式称之为现代型文化馆。

第二，文化馆从建立到今天应该说大致经历了两种模式。一种是计划经济时代的传统型文化馆模式。传统型文化馆模式的主要特征是：一是管理上行政化；二是作风上机关化；三是工作上被动化；四是产品上意识形态化；五是功能上工具化；六是手段上单一化。另一种是由计划经济向市场经济转轨时期的杂糅型文化馆模式。杂糅型文化馆模式的主要特征是：一是设施建设上政府投入和个人投入杂糅；二是内部管理上事业化管理和企业化管理杂糅；三是目标追求上事业发展和产业发展杂糅；四是产品提供上满足政府需求和满足市场需求杂糅；五是工作上单位安排和个人承包经营杂糅；六是利益分配上大锅饭和多劳多得杂糅。从2002年，特别是从2005年中央提出"公共文化服务体系"概念至今，文化馆正在向第三种模式转型，这就是现代型文化馆模式。

其次，我们必须弄清楚，现代型文化馆和传统型文化馆、杂糅型文化馆的关系是什么，如何处理这种关系。

第一，现代型文化馆和传统型文化馆、杂糅型文化馆是一脉相承的关系。传统型文化馆、杂糅型文化馆和现代型文化馆应该说是中国特色社会主义建设不同历史时期的产物，也是文化馆事业发展顺应时代发展的自然过程和结果。

第二，现代型文化馆由传统型文化馆、杂糅型文化馆发展而来，它不

是凭空兴起的新事物，而是在传统型文化馆、杂糅型文化馆基础之上，适应人民和时代需要所形成的新的文化馆形态和文化馆模式，是传统型文化馆、杂糅型文化馆的升级版。它将汲取和保留传统型文化馆、杂糅型文化馆的优长，形成自己的特征。

再次，我们必须弄清楚，现代型文化馆的现代性体现在何处，其内涵和特征是什么。

第一，现代型文化馆的现代性以及内涵和特征主要体现在以下几个方面。一是设施现代。文化馆是政府设立的公益性文化机构，是人民群众接受文化艺术教育的殿堂和开展文化活动的重要场所，是一个地区代表性的文化形象和文化符号。作为文化的载体，文化馆的设施应该现代化。而文化馆设施的现代化又包含两个方面，一方面是文化馆建筑的外观要有文化内涵和现代气息。任何建筑都应该是有灵魂的，文化馆的建筑就更应该有灵魂。文化馆的建筑应具备文化特征、文化内涵、文化品位。一座好的文化馆建筑，其造型和外观应该能够充分体现当地的文化特质、文化特色，体现当地最具代表性的文化元素和文化符号，体现文化馆文化传承和文化创新的品格，体现文化馆为市民提供文化艺术服务的品格。要让人一看到文化馆的建筑外形，就像看到2010上海世博会上的许多国家馆一样，立刻为之吸引，从而产生走进其中的愿望和冲动。文化馆应有用于开展广场文艺演出和广场文化活动的室外广场。另一方面是文化馆的内部设施和装饰要有文化内涵和现代气息。文化馆房屋建筑包括群众活动用房、业务用房、管理用房和辅助用房。群众活动用房包括演艺活动、交流展示、辅导培训、图书阅览、游艺娱乐等用房。业务用房包括文艺创作、研究整理、其他专业工作用房。管理用房包括行政管理、会议接待等用房。辅助用房包括储存库房、建筑设备、后勤服务等用房。用房的楼层和布局要合理安排。要首先考虑到能够吸引群众到文化馆来，方便群众参与文化馆的活动。在用房的具体安排上，文化馆要有小剧场、多功能厅、非物质文化遗产展示厅、艺术展厅、数字文化馆体验区、视听室、数字资源采集和编辑室、录音棚、摄像室、画室、舞蹈房、排练房、艺术培训教室、非物质文化遗产实物存放间、服装间、器材道具间、阅览室、会议室、文艺团队活动室。管理和办公用房要根据实际需要定，空间要相对集中和独立。文化馆是人民群众开展文化活动、接受艺术教育重要的空间和场所。文化馆至少要有6个以上常设的免费开放服务项目。文化馆应根据所常设的免费开放服务项目的需要再设置活动空间，同时，文化馆要设立服务窗口。文化馆除了要配备与其职能、功能相匹配的现代化设施设备，内部的装饰、环境布置和项目设置也应该充分体现文化品位和文化内涵。就其内部装饰和环境布置而言，在其装饰材料的选择、色彩的搭配、设施设备的配置、功能区的分割、墙壁和空间的布置、氛围的营造等方面，都应体现一定的文化品位，让人于舒适、舒展、温馨、愉悦中感受到一种浓郁的文化艺术气息和现代气息。二是理念现代。理念现代是指现代型文化馆应树立"以人为本、服务为先、效能为要、创新为魂"的建设和发展理念。"以人为本"，就是要坚持广大人民群众在文化建设中的主体地位，把满足人民群众精神文化需求作为文化发展的根本目的，把人民群众作为文化建设的重要依靠力量，做到文化发展为了人民、文化发展依靠人民、文化发展成果由人民共享。要坚持把人民群众答应不答应、认可不认可、满意不满意作为评判文化馆发展质量的重要标准。要不断实现好、维护好、发展好最广大人民群众的基本文化权益，要在以全体人民为服务对象的基础上，关心和满足弱势群体的文化需求，满足不同人群多样化的文化需求，提高人们的生活质量和幸福指数，最终实现人的全面发展。"服务为先"，就是要把提供优质公共文化服务放在首要位置，坚持以服务为出发点和落脚点，一切围绕服务、一切体现服务、一切落实服务。"效能为要"，就是要把服务效能作为衡量文化馆工作的重要标准，要想方设法不断提高文化馆的服务效能。"创新为魂"，就是要坚持不断创新，以创新作为文化馆建设和发展的不竭动力，以文化馆自身服务内容、服务形式、服务手段和工作的不断创新，激发全社会的文化创造活力，推动文化的不断创新。三是体制现代。文化馆应建立法人治理结构，依法独立运作、自我管理和承担职责，在政府与文化馆之间实现政事分开、管办分离，减少政府主管部门对文化馆的微观管理和直接管理。四是管理现代。文化馆的人事管理要从身份管理向岗位管理彻底转变。要完善绩效考核机制，充分激发文化馆从业人员的积极性和主动性。要组建理事会，吸纳有关方面代表、专业人士、各界群众参与管理，强化社会公众对文化馆公共文化服务供给及运行的知情权、参与权和监督权，增加文化馆管理与决策的透明度，使文化馆更

加开放和民主。文化馆应根据免费开放的需要,制定服务标准和服务规范,建立新的管理机制和运行机制。五是产品现代。文化馆要倡导富强、民主、文明、和谐,倡导自由、平等、公正、法治,倡导爱国、敬业、诚信、友善,积极培育和践行社会主义核心价值观。文化馆的一切文化产品、文化服务和文化活动,都要弘扬社会主义核心价值观,传递积极人生追求、高尚思想境界和健康生活情趣。文化馆创作、生产和提供的公共文化产品要能准确把握和适应社会文化生活的新特点和人民群众的新期待,使公共文化产品做到思想性、知识性、艺术性、观赏性有机统一,有思想品格、艺术品位和文化内涵,具有较强的吸引力和感染力。要珍视传统、继承传统,认真汲取中华优秀传统文化的思想精华和道德精髓,同时,大力弘扬以爱国主义为核心的民族精神和以改革创新为核心的时代精神,深入挖掘和阐发中华优秀传统文化讲仁爱、重民本、守诚信、崇正义、尚和合、求大同的时代价值,更加重视对外来优秀文化的包容和萃取,做好中华传统文化创造性转化和创新性发展。要通过优质公共文化产品培养现代公民、培育现代文化、传播现代价值观，激发全民族的文化创造活力。六是服务现代。文化馆提供公共文化服务的方式、手段现代，能够充分利用固定设施和资源提供固定服务，能够充分利用流动设施和资源提供流动服务，能够充分利用网络技术和数字资源提供数字化服务，能够建立起一个实体文化馆和虚拟文化馆相结合，体现现代、开放、多元、自由、民主、平等、参与、友善、协作、创新精神，充满魅力和活力的人民群众的文化空间和精神家园。七是体系现代。文化馆系统是个完整的体系，各级文化馆之间能够形成协作和互动，县、区级文化馆能够建立起总分馆制，使文化馆体系在功能上更具有整体性、系统性、协同性，在资源配置上更科学、更节约、更合理，在产品和服务上更加体现与群众需求的有效对接，具有更高的服务效能。

## 建设现代型文化馆的指导思想和对策

建设现代型文化馆的指导思想是：高举中国特色社会主义伟大旗帜，以邓小平理论、"三个代表"重要思想、科学发展观为指导，贯彻落实党的十八大、十八届三中全会精神，紧紧围绕构建现代公共文化服务体系、建设社会主义文化强国，以深化文化体制改革为动力，以培育和践行社会主义核心价值观为引领，以满足人民日益增长的精神文化需求、保障人民群众的基本文化权益为宗旨，以传承优秀传统文化、创新发展现代文化、引领社会文化风尚、繁荣群众文化生活为使命，推动文化馆向现代型文化馆转型升级，推动文化馆事业科学发展，使文化馆成为基层公共文化服务体系建设的龙头，推动社会主义文化大发展大繁荣。

建设现代型文化馆，应采取以下方法和对策。

首先，要加强对文化馆事业发展的顶层设计。

第一，从法律层面，国家应该制定《文化馆法》，并尽快修订出台《文化馆管理条例》。文化馆是中国特有的公益性文化机构，中国要真正建成覆盖城乡、结构合理、功能健全、实用高效的现代公共文化服务体系，实现公共文化服务的标准化、均等化，切实保障人民群众的基本文化权益，就必须把文化馆事业建设好、发展好。而要真正把文化馆事业建设好、发展好，就必须有法律为文化馆的建设和发展做保障。国家除了需要制订《公共文化服务保障法》，还应制订《文化馆法》。在《公共文化服务保障法》和《文化馆法》没有出台之前，文化部应按照构建现代公共文化服务体系要求和建设现代型文化馆要求，尽快修订颁布《文化馆管理办法》，并制订《各级文化馆业务规范》。

第二，从规划层面，国家应该结合制订国民经济和社会发展规划以及公共文化服务体系建设发展规划，制订《文化馆事业发展规划》，用规划来引领文化馆事业科学发展。

第三，从机构设置层面，国家应设立国家文化馆。尽管目前国家设立了文化部全国公共文化发展中心，让其代行国家文化馆的职能，但其毕竟和国家文化馆还不完全一样。只有真正设立了名正言顺的国家文化馆，并且将全国的省、市、州群众艺术馆一律更名为文化馆，并将乡镇文化站都建设成为当地文化馆的分馆，或也都设置成文化馆，中国的文化馆机构体系才能算真正趋于完整。

第四，从学科层面，国家应组织专家，把文化馆专业作为一门专门的学科来进行研究，尽快建立起《文化馆学》，并在高校设立文化馆专业，为未来文化馆事业发展培养文化馆专门人才。

其次，文化行政主管部门要创新和改善对文化馆的管理。

第一，从文化部层面，要充分发挥已经成立的中国文化馆协会的作用，在文化馆领域形成政府规划布局、政策引导、运行监管、考核评估，文化馆行业协会规范运行、严格自律，各级文化馆各司其职、开展服务，社会力量积极参与、有序发展的宏观管理体制和微观运行机制，实现政府、文化馆行业协会组织、文化馆、社会之间的良性互动。

第二，各级文化行政主管部门要按照政事分开、管办分离原则，减少对文化馆的微观管理和直接管理，特别是要减少和避免不适当的行政干预，减少超出文化馆工作范畴和承担能力的指令性工作。要支持文化馆根据自身的职能定位独立自主地开展公共文化服务。文化馆和图书馆、博物馆、美术馆等其他公益性文化单位有所不同，除了免费开放，向公众提供基本公共文化服务外，还要不以营利为目的，提供非基本文化服务，此外，还要组织开展群众文艺创作及其他公共文化产品的生产，辅导培训基层文化人员、文艺骨干，传承和保护优秀民族民间文化和非物质文化遗产，财政部门应根据文化馆的工作特点、工作内容和工作实际，实行有别于图书馆、博物馆、美术馆的财政政策。

再次，文化馆要按照现代型文化馆目标和要求，全面加强自身建设。

第一，要进一步加强设施建设。在建和准备建设的文化馆，一定要按照《文化馆建设用地指标》、《文化馆建设标准》进行建设。已经建成的文化馆要进一步完善设施设备，促进设施设备提档升级。要加强文化馆数字化设施、资源建设和文化馆数字化服务体验区建设。要加强文化馆设施的文化内容和文化内涵建设，增强文化馆设施的文化吸引力。

第二，要更新文化馆的办馆理念。一是文化馆人要打开视野办文化馆。文化是个大概念，从广义的角度来说，文化是人类所创造的物质财富和精神财富的总和。文化涉及一个民族的核心价值观，涉及人们的生活方式，涉及人们一切行为方式的表达，涉及一个民族凝聚力的养成和创造力的发挥，涉及一个民族精神家园的构建与守望，涉及一个国家综合国力的竞争。文化馆要着眼于广义的文化去开展文化建设与服务，不能把文化馆仅仅办成文艺馆，或者办成更为单一的舞蹈馆、音乐馆、展览馆，而应该有更多的文化样式、文化内涵和文化内容。不要画地为牢，不要人为地框束自己，而要不断拓展自己的服务内容和服务领域。各级文化馆需要有自己的业务规范和服务标准，但这是基点，也是对文化馆最基础和最基本的要求，而非上限。二是文化馆人要把文化启蒙和公众教育放在重要位置。中国有文化馆性质的机构可追溯到民国初期——1915年8月于南京成立的"江苏省立通俗教育馆"。这是近代中国设立最早、影响颇大的通俗教育机构。设立民众教育馆源于晚清民初发动的中国近代民众教育运动。"江苏省立通俗教育馆"成立后,各地竞相效仿,纷纷开办类似的民众教育馆。与学校教育职能有所不同的是,民众通俗教育馆主要以"开通民智,改良风俗"为宗旨,开展综合性的社会公众教育,传播科学文化知识,藉以提高广大国民的整体素质。今天的文化馆依旧担负着开展社会公众教育,传播科学文化知识,提高国民整体素质的重任,中国的文化启蒙任务也远未完成,文化馆必须把文化启蒙和公众教育放在重要位置。三是文化馆人必须要从保障公民文化人权的角度提供公共文化产品与公共文化服务。文化权益是人权的重要组成部分,公共文化服务体系的宗旨就是满足人民群众基本文化权益,保障人民群众基本文化权益。文化馆人要摆脱以往政府办群众文化的思维模式,要从"以政府为中心"和"以我为中心"变为"以人民群众为中心",生产产品、开展活动、提供服务一定要事先了解人民群众的需求,听取人民群众的意见,要让人民群众喜爱和满意,要做到供给和需求有效对接。四是文化馆一定要以全体人民为服务对象。十七届六中全会《决定》说得很清楚,"加强公共文化服务是实现人民基本文化权益的主要途径。要以公共财政为支撑,以公益性文化单位为骨干,以全体人民为服务对象,以保障人民群众看电视、听广播、读书看报、进行公共文化鉴赏、参与公共文化活动等基本文化权益为主要内容,完善覆盖城乡、结构合理、功能健全、实用高效的公共文化服务体系"。公共文化服务体系是以全体人民为服务对象,文化馆也应该如此。文化馆需要为老年人、未成年人以及残疾人、农民工提供公共文化服务,文化馆同样也应该为中青年群体提供公共文化服务。文化馆需要为文艺爱好者、文艺团队提供服务,文化馆更要为全体公民提供服务。五是文化馆人一定要联合社会力量共同开展公共文化服务。十八届三中全会要求,"引入竞争机制,推动公共文化服务社会化发展。鼓励社会力量、社会资本参与公共文化服务体系建设,培育文化非营利组织"。文化馆应广泛调动社会力量参与文化馆和公共文化建设,更好地为公民提供公共文化服务。

第三,要创新体制机制。要建立文化馆法人治理结构,成立文化馆理事会,吸纳有关方面代表、专业人士、各界群众参与管理。要完善绩效考核机制和内部管理、运行机制,逐步构建以公益目标为导向、内部激励机制完善、外部监管制度健全的治理结构和运行机制,切实提高文化馆的公共文化服务能力和水平。

第四,要规范各级文化馆的业务。未来的国家文化馆处于文化馆体系的顶层,其主要业务应为:配合文化部制定全国文化馆事业发展规划;配合文化部、中国文化馆协会制定文化馆评估定级标准、专业技术资格认定标准、文化

馆服务标准和服务规范等；组织开展文化馆相关领域的基础和应用学科研究，推动建立文化馆学科体系；引导、指导全国文化馆业务工作；组织开展全国群众文化艺术产品的创作、生产与推广；组织全国文化馆进行专业交流、业务培训和研讨活动；组织文化馆行业新技术、新标准的推广；组织全国性群众文化活动；促进全国文化馆资源的共建、共享；组织对外文化、学术交流活动；发布全国文化馆事业发展报告及权威信息。省级文化馆是全省文化馆体系的龙头，其主要业务应为：参与和指导全省各级文化馆的规划与建设；指导全省各级文化馆业务工作；组织开展全省群众文化艺术产品的创作、生产与推广；举办全省性及示范性公益文化艺术活动；开展具有导向性、引领性和示范性的公益性文化艺术服务和社会艺术教育工作；指导全省各级文化馆开展非物质文化遗产保护工作；辅导培训基层文化馆业务人员；编辑出版全省性群众文化杂志和公共文化书籍；组织开展群众文化、公共文化和非物质文化遗产理论研究；组织开展全省和对外文化交流活动；示范性开展免费开放服务；建立全省文化馆系统公共数字文化服务平台和全省文化馆系统流动服务网点；整合全省各级文化馆资源及社会资源开展联合服务；发布全省文化馆事业发展报告及权威信息。地市级文化馆是地区性文化馆体系的中心馆，其主要业务应为：参与和指导县级文化馆、乡镇文化站的规划与建设；指导县级文化馆和乡镇文化站业务工作；组织开展全市群众文化艺术产品的创作、生产与推广；举办全市性及示范性公益文化艺术活动；开展具有导向性、引领性和示范性的公益

性文化艺术服务和社会艺术教育工作；指导县级文化馆开展非物质文化遗产保护工作；辅导培训县级文化馆和乡镇文化站业务人员；编辑出版全市性群众文化杂志和公共文化书籍；组织开展群众文化、公共文化和非物质文化遗产理论研究；组织开展文化交流活动；开展免费开放服务；建立全市文化馆系统公共数字文化服务平台和全市文化馆系统流动服务网点；整合全市各级文化馆、站资源及社会资源开展联合服务；发布全市文化馆发展报告及权威信息。县（区）级文化馆是县（区）级文化馆体系的核心馆，其主要业务应为：参与和指导乡镇（街道）文化站、村（社区）文化室的规划与建设；指导乡镇（街道）文化站、村（社区）文化室业务工作；组织全县（区）群众文化艺术产品的创作、生产与推广；举办全县（区）性及示范性公益文化艺术活动；开展具有导向性、引领性和示范性的公益性文化艺术服务和社会艺术教育工作；指导乡镇（街道）文化站开展非物质文化遗产保护工作；辅导培训乡镇（街道）文化站、村（社区）文化室业务人员及文化志愿者、文艺团队和文艺骨干；编辑出版群众文化杂志和公共文化书籍；组织开展群众文化、公共文化和非物质文化遗产理论研究；组织开展文化交流活动；提供免费开放服务；建立县（区）级文化馆（站）公共数字文化服务平台和全县（区）文化馆（站）流动服务网点；整合全县（区）文化馆站及社会资源开展联合服务。文化馆应根据业务规范和服务标准，全面履行职能。

第五，要进一步加强人才队伍建设。一是要通过招聘和引进人才，优化文化馆人才队伍结构。二是要加强对文化馆在职人员的培训，鼓励文化馆从业人员自主学习、自主提高，拓宽文化视野，完善知识结构，切实提高自身素质和服务能力。三是要加强文化志愿者队伍建设，建立文化志愿者的招募、培训、激励机制，鼓励和引导社会人员参与文化馆公益性文化服务。四是要培养和造就文化馆行业的领军人物。要真心培养人才、爱护人才、珍惜人才，完善人才培养开发、评价发现、选拔任用、激励保障机制，为优秀人才脱颖而出、施展才干创造有利制度环境。要扩大文化馆高层次领军人物的知名度和影响力，为广大文化馆从业人员树立追崇的目标和学习的榜样。

第六，要加强包括群众文艺创作在内的公共文化产品生产。公共文化产品是公共文化服务体系的重要环节，其直接关系着公共文化服务的质量和效能，直接影响着我们为今天的中国和未来的中国培养和塑造什么样的公民。文化馆要加强包括群众文艺创作在内的公共文化产品生产，其公共文化产品应具有较强的时代性、思想性、艺术性、观赏性、大众性、民族性、现代性；要改变目前文化馆所提供的公共文化产品说教色彩太浓、总量偏少、样式不多、质量不高、原创不够的状况；要多生产具有鲜明的时代特征和强烈的时代气息，反映时代的精神气质和生活本质，体现现代意识、现代审美、现代理念、现代精神的公共文化产品。

第七，要深入推进免费开放。免费开放对规范文化馆的管理和服务，向社会更好地树立和展示文化馆公益性文化单位形象，保障人民群众的基本文化权益，起到了重要作用。文化馆要按照公益性、基本性、均等性、便利性、贴近性、参与性、引导性、创新性的原则，进一步精心设置免费开放服务项目。文化馆免费开放既要提供基本服务，也要注意提供人民群众所迫切需要的非基本服务；要设置常规性项目，也要注意设置能够引导大众文化欣赏和文化消费的引领性项目；要利用文化馆的设施场地提供固定服务，同时也要提供能够推进公共文化服务均等化的流动服务和数字化服务；要注重服务老年人、未成年人、残疾人、农民工，也要服务中青年群体，服务全体人民。在免费开放中，要注意阐释"公共空间"概念，培养公民公共意识，培育公民公共精神，通过公民道德教育，引导公民总结公共生活经验，确立公共理念，形成公共良知，引导、推动与激发公民将公共理念转化为公共情感、公共意志和公共信念以及以公共利益为依归的公共生活态度和行为取向。

第八，要打造品牌。品牌具有巨大的号召力和影响力。文化馆系统应该树立整体意识，合力在社会上树立文化馆的整体形象。文化馆要积极培育和打造自己的品牌，包括活动品牌、创作品牌、团队品牌、服务品牌、免费开放项目品牌。文化馆要通过打造自己的公共文化服务品牌，树立自己的社会形象,扩大自己的社会影响力,提升自己的社会地位,促进自身更好地发展。

第九,要建立群众评价和反馈机制。要把文化馆的服务置于群众的监督之下,尊重群众的文化需求和文化选择,建立群众文化需求的表达和评价、反馈机制,不断调整文化馆的服务项目、服务手段和服务内容。

第十,要坚持不断创新。文化的生命在于创新,文化馆的价值和生命也在于创新。文化馆应根据构建现代公共文化服务体系建设的要求,始终追求和体现创新。文化馆要适应时代发展和人民群众日益增长的精神文化需求,不断拓展服务领域,拓宽服务渠道,不断加强公共文化服务内容、形式、手段的创新。通过持续创新,不断提高文化馆公共文化服务的吸引力。文化馆要通过自己的文化创新,带动和促进社会的文化创新和文化的繁荣发展,推动国家2020年进入创新型国家行列,推动2020年全面建成小康社会,推动中华民族实现伟大复兴。

中国文化馆事业正站在一个新的历史发展起点上,中国文化馆人要振奋精神,转变观念,强化责任意识和危机意识,牢牢抓住这一历史机遇,全面深化改革创新,着力建设充满魅力的现代型文化馆,让中国文化馆事业焕发出新的生机与活力,让党和政府满意,让人民群众满意。

2014年10月1日—6日

# 关于建设现代型文化馆的谈话

2014年9月11日，为了贯彻落实十八届三中全会精神，加快政府职能转变，推动文化馆行业发展，中国文化馆协会在北京成立。9月13日，笔者在宁波和宁波市文化馆馆长林红会面。林红馆长正在为筹备年底将在宁波举办的首届中国文化馆年会忙得不亦乐乎。林红是一位既有理论思考同时又富有创新和实干精神的文化馆长。近年，她在宁波市文化馆的工作实践中突出以文化强市行动纲领为目标，以"整合、规范、创新、提升"为基调，以"数字化、品牌化、网络化、标准化、社会化"建设为抓手，不断强化社会责任，优化阵地功能，提升服务水平，扩大社会影响，探索构建现代型文化馆，确立文化馆在公共文化服务体系建设中的主力地位。她的基本思考是，要构建现代公共文化服务体系，文化馆必须是现代型文化馆。对于推进文化馆整体由传统型文化馆向现代型文化馆转型，加快建设与现代公共文化服务体系相适应、相匹配的现代型文化馆，我们有着强烈的共识，也都怀着强烈的责任感。在交谈中，我们作出了共同主编《现代型文化馆构想与实践》一书的构想，在首届中国文化馆年会上共同提出"建设现代型文化馆"话题，共同主持"建设充满魅力的现代型文化馆"

主题论坛，共同推动现代型文化馆建设的决定。在交谈中，笔者就建设现代型文化馆发表了以下谈话，宁波市文化馆邵剑勇先生对谈话录音进行了整理。

### 谈话一：建设现代型文化馆是文化馆人必须面对的现实课题

**1. 建设现代型文化馆是时代提出的命题**

这应该是我们设计了好久的一件事情，就是对未来文化馆的建设和发展做一个交流。你我两人都刚刚参加了2014年9月11日在北京举行的中国文化馆协会成立大会，这是一个契机。恰好今天是周六，我们都稍得空闲，今天又是个烟雨蒙蒙的天气，可以放下心来，轻松随意地好好聊聊。

您知道，见诸报端的建设现代型文化馆的命题是我提出的。2012年2月29日，我在《中国文化报》上发表了一篇文章，题目就是《建设充满魅

力的现代型文化馆》，这篇文章后来收入南京师范大学出版社2012年出版的我的公共文化著作《把门打开》一书中。文章一开头我就说，文化馆是公共文化服务体系不可或缺的重要组成部分，是弘扬社会主义核心价值体系、建设文化强国的重要力量，但是由于种种原因，目前文化馆的功能和作用还没能得到充分的彰显和发挥，文化馆的价值也并没能得到社会的普遍认同。面对党的十七届六中全会提出的"大力发展公益性文化事业，保障人民基本文化权益"和构建公共文化服务体系的要求，面对新的重大发展机遇，文化馆必须顺应形势，迅速做出选择。我提出，文化馆应根据建设公共文化服务体系和建设社会主义文化强国的需要，树立新的建设和发展理念，创新免费服务方式和运行管理机制，提升免费服务特别是数字化服务能力和水平，实现由传统型文化馆向现代型文化馆转型升级，塑造充满文化吸引力和文化艺术魅力的现代型文化馆。我呼吁，规范、提升、重塑，这是文化馆在当下必须做出的选择。唯有这样，文化馆才会重振雄风，再创辉煌。

写这篇文章时，我的心情是很急切的。因为你身处在文化馆这个行业中，你又是做理论研究的，有些问题你不能不思考，不能不面对。

建设现代型文化馆的命题虽然是从我的口中说出，但实际上这个命题应该说也是时代提出的。面对时代的要求，文化馆必须要实现由传统文化馆向现代文化馆转型，着力建设充满魅力的现代型文化馆。建设现代型文化馆，也是文化馆人必须面对的现实的课题。如果我们对建设现代型文化馆缺乏自觉，缺乏主动，对这个问题思考得不深、不全面、不透彻，我觉得将来文化馆事业的发展就会有很大的问题。而且，思考、研究、解决这个问题呢，不能指靠别人，只能靠我们自己。俗话说，隔行如隔山。我们要指望别人能够把文化馆完全描述清楚，能够开出多少有效的药方，我觉得几乎不太可能。文化馆看似简单，实际上极其复杂，其工作的内容极其丰富，牵涉的面极广，外人几乎没有办法知晓文化馆内部的全部秘密。我经常讲，我们看待一个事物，如果你不晓得它内部的结构，内部的机理，内部的因子，内部的奥妙，以及内部的方方面面，包括它的每一个细胞，如果对这些不熟悉，说起来就难免隔靴搔痒，抓不住要害和本质。好在我们都在文化馆这个行业服务多年，虽不能说自己每天都在思考，都在研究，但至少说对这个行业是比较熟悉比较了解比较清楚的。因此，我觉得要解决好文化馆未来发展的问题，最终主要还要靠文化馆人自己，即使外界的人也为文化馆开出了良方，最终，也还得靠文化馆人自身来消化、吸收。基于这一点，我还是更愿意从我们自身，从我们作为业内人应尽的责任出发，从思考上，从实践上，做一些探索，希图能够引起更多的人，特别是文化馆界的同仁，当然也包括社会各界，包括各级文化部门的领导、专家学者，共同来思考。我今天所说的话至少可以起一个抛砖引玉的作用。

**2. 建设现代型文化馆的背景**

我们今天提出建设现代型文化馆，其实是有着它的特定的背景的。

从大的背景上来说，有这么几个方面。一是习近平总书记提出的实现"两个一百年"中国梦的目标，实现中华民族的伟大复兴。二是十七届六中全会作出的推动社会主义文化大发展大繁荣的《决定》和提出的建设社会主义文化强国的目标。三是十八大提出的"完善公共文化服务体系，提高服务效能"的要求。四是十八届三中全会作出的全面深化改革的《决定》和"构建现代公共文化服务体系"的要求。全面深化改革的总体目标是要推进国家治理体系和治理能力的现代化，现代公共文化服务体系也是国家治理体系和治理能力的一个部分，而文化馆既是现代公共文化服务体系的组成部分，也是构建现代公共文化服务体系的重要载体。在这么一些大的背景下，文化馆肯定不能再停留在过去的阶段，包括管理体制、运行机制、服务内容、服务方式、服务手段，以及涉及文化馆发挥效能的方方面面，你肯定都要在原有的基础上有所改变，有所提升。实际上，这个改变和提升的过程，也就是由传统型文化馆向现代型文化馆转型升级的一个过程。这是从大的政治背景上来说的。

从人民群众文化需求的角度来说，人民群众对文化馆的新要求新期待也是一个重要背景。最初文化馆做活动，哪怕是做一些简单的活动，都能

满足老百姓需求。但随着经济社会的发展，人民群众的文化需求不断增长，审美水平也不断提高，文化馆如果还是只提供简单服务，就很难让老百姓满意。同时公共文化也是处在一个大的文化消费格局当中，当其他的文化消费，都在不停地变化，不停地以新的手段、新的方式、新的内容、新的内涵吸引大众的时候，如果公共文化产品依旧不变，不与时俱进，仍停留在原来的阶段，还是那种传统的、低端的、粗陋的、简单的，没有吸引力，没有魅力，那就会被淘汰。文化馆设施建设、人员费用都是公共财政负担的，如果说你所生产的产品，所提供的服务，不被老百姓所需要，不被老百姓所接受，那么，文化馆也就失去了存在的价值和意义。从这一点来说，构建现代型文化馆或者说实现文化馆由传统型向现代型转变就显得尤为重要。

其他公共文化机构的发展和现代化转型也是一个重要背景。这几年，随着公共文化服务体系建设的深入开展，博物馆、图书馆、美术馆事业飞速发展。博物馆的理事会建设和展陈手段的现代化，图书馆的总分馆制建设和数字图书馆建设的深入推进，美术馆的策展水平的大幅提高和展览手段的现代化，也对文化馆的服务构成了一定的压力。文化馆的建设与服务必须转型升级，除此之外别无选择。

### 3. 建设现代型文化馆迫在眉睫

建设现代型文化馆是摆在文化馆人面前迫切需要解决的课题，也可以说是迫在眉睫。我是1998年以一个作家的身份进入文化馆行业工作的。从进入文化馆行业的第一天起，我就有着很强的紧迫感和危机感。我觉得文化馆一定要不断创新，要在各个方面不断探索，不断突破，不断超越。只有不断创新，文化馆才能始终适应时代和人民的需要，才能让自己立于不败之地。

文化的本质要求就是创新。文化馆作为一个文化机构，就必须适应文化本质的要求。没有创新就没有生命力。文化馆本身作为文化的载体，作为文化的传播者，文化的创造者，如果你自身的创造停滞了，那么这个行业就没有未来了，那就只有死路一条。这种危机感和紧迫感，我们文化馆人一定要有。

今天的社会发展得多快啊，昨天红火的，可能一夜过后就衰败了。昨天不起眼的，别人瞧不上的，可能今天一下子就成为时尚，成为潮流，受到所有人的热捧。在今天，不管是哪个行业，只要缺乏危机感，不思进取，不思创新，不思转型升级，将来就一定会出现最大的危机。前些年，报纸多厉害啊，城市日报、晨报、晚报、都市报，还有经济报、法制报、服饰报等等一大串，现在怎么样？网络一出现，报纸没什么人看了，大多数报纸现在都是惨淡经营。前些年电视也厉害，现在看电视的差不多也就剩下了老人、孩子、弱势群体，除了重大新闻，我身边几乎没有多少人看电视。网上购物一流行，几乎对所有的实体店都带来了冲击。文化馆属于公共文化服务业，你不思创新怎么行？

要创新，具有创新意识很重要。创新不应该是被动的，而应该是一种积极的行为。这几年，我们国家一直在强调经济结构转型升级。在经济结构转型升级过程中，可以说，谁早转型，谁就主动；谁晚转型，谁就被动；谁不转型，谁最后就只有死路一条。众所周知，柯达胶卷是世界上最成功的胶卷品牌之一，一度拥有世界胶卷市场2/3的份额。随着胶片行业竞争对手的崛起和数字技术的兴起，这家有着131年历史的公司数十年来一直在苦苦挣扎。它原本希望转型为打印机厂商，并展开最后一搏，但由于胶片业绩下滑，加之退休员工产生的负担过重，导致这一尝试最终被证明太过昂贵而放弃。柯达公司早在1976年就开发成功了数字照相技术，但在数码影像的发展上一直步履蹒跚，怕发展数码影像影响彩色胶卷销售。等它被数字化浪潮拍醒时，已经时过境迁、大势已去。2012年2月19日，柯达及其美国子公司提交破产保护申请，提交破产保护导致柯达市值蒸发了70亿美元。中国的乐凯胶卷曾经也很厉害，占据了很大的胶卷市场份额。但是，到了2012年9月4日，乐凯胶片股份有限公司不得不发布公告，由于数码影像对银盐影像产品的冲击，决定停止彩色胶卷的生产。河北的泊头火柴原来也很牛啊，可是，到了2012年9月6日，河北泊头火柴有限公司举行资产处置拍卖会，最后一批设备被拍卖，这标志着这家曾经是亚洲最大的火柴厂彻底走进历史。这都是企业对市场未来走向没有预见性，没有进行转型升级的结果。荷兰飞利浦是世界上最大的电子公司之一，100多年前，以生产碳丝灯泡起家。碳丝灯泡早已成为博物馆里的展物，生产碳丝灯泡的飞利浦按理说有无数个理由退出历史舞台。但是，飞利浦没有把自己局限在传统的照明领域，而是在20世纪的科技巨变中不断超越自我，先后发明了第一台电视机、卡式录音机、CD机等。如今飞利浦不仅是全球第一大照明公司，还是全球第一大医疗系统公司、第一大电动剃须刀生产商。这说明，在一个技术革命日新月异和社会飞速发展的时代，大者并非恒大，强者并非愈强，欲求基业长青，唯有求新求变，不断超越自我。对企业来说如此，对文化馆来说，同样如此。

我们的社会目前也在转型。身处在一个转型的时代，唯有"变"是永远不变的，正如"现代管理学之父"彼得·德鲁克所言："没有人能够左右变化,唯有走在变化之前。"从这个意义上来说,文化馆更应该有强烈的转型升级意识。作为一个企业,如果今天生产的产品和几年前的一样,这个企业今天肯定会面临被淘汰的局面。同样,作为文化馆,如果今天提供的产品和服务与几年前乃至十几年前的一样,文化馆肯定也会面临被淘汰的危险。

历史上,文化馆曾经面临过很危险的境地。我是在1998年6月进入文化馆行业的。我刚进到文化馆不久,就听到当时国家拟对文化馆实行三年断奶,也就是财政供给逐年递减三分之一,三年后,文化馆自谋生路。后来,因为中央发现基层文化工作不能削弱,也因为文化部的积极争取,国家才取消了原来的改革方案。2002年11月,党的十六大首次把文化建设区分为文化事业和文化产业,把文化馆纳入文化事业范畴,这使得文化馆的命运发生了重大转机。2005年10月,党的十六届五中全会提出公共文化服务体系概念后,确立了文化馆的公益性质和公共文化服务体系骨干身份,这给文化馆带来了发展的春天,同时也赋予了文化馆巨大的责任和使命,对文化馆的建设和发展提出了新的更高的要求。我一直说,公共文化服务体系概念的提出对文化馆非常重要。如果没有公共文化服务体系概念的提出,文化馆今天会是什么状况,可以说不堪设想。

免费开放政策的实施对文化馆的帮助也很大。2011年1月，文化部、财政部《关于推进全国美术馆、公共图书馆、文化馆（站）免费开放意见》的下发，对于全国的文化馆起到了非常重要的作用，特别是给中国的中部、西部，经济欠发达地区和经济落后地区的文化馆注入了生机和活力。全国的县级文化馆，财政的经费保障一直不到位，许多文化馆连职工的工资都发不全，更不要说开展活动的经费。免费开放政策实施后，文化馆拿到了中央财政免费开放的资金补助和地方的配套资金，县级文化馆有了20万，地市级文化馆有了50万，文化馆一下子就活起来，门打开了，基本的服务项目设置起来了，培训搞起来了，活动也开展起来了。但这对于文化馆来说，还只是低层次的复苏。就像一个人因为过于饥饿，生命已经垂危了，肢体已经快僵掉了，现在给了一点点小米汤，吃了以后呢眼睛能眨巴了，嘴巴能喘气了，肢体也能够活动起来了，能够做些表演了，但这并不意味着生命已经恢复了健康，已经有多么强健。对这一点，我们文化馆人一定要有清醒的认识，不能止于此，更不能就此满足。

过去国家不重视文化馆，文化馆有压力。现在，国家重视文化馆了，文化馆的压力其实更大。文化馆的压力来自几个方面，有来自中央和国家的要求，有来自当地党委、政府的要求，有来自社会和人民群众的要求，

还有来自市场和非营利组织的竞争和挑战。中央说文化馆是公共文化服务体系的骨干，文化部提出要把文化馆打造成公共文化服务体系的龙头，地方党委、政府希望文化馆在地方文化建设中发挥更大的作用，社会和人民群众对文化馆寄予了更高的期望，文化企业和文化非营利组织参与文化馆所提供的公共文化服务的竞争，图书馆、美术馆、博物馆也都在纷纷拓展自己的功能，举办社会教育和公共文化活动，凡此等等，都对文化馆构成强大的压力。建设现代型文化馆，实现文化馆建设与服务的转型升级，真的是刻不容缓。

## 谈话二：现代公共文化服务体系背景下文化馆的地位和作用

### 4. 文化馆是干什么的

文化馆事业是伴随着新中国的建立而建立的，文化馆已经走过了65年的历程，但是，我们经常会被问起，你们文化馆是干什么的？让人很郁闷。

要回答文化馆是干什么的，首先必须要弄清楚文化馆是怎么来的。大家都知道，中国文化馆的前身是民国初开始建立的民众教育馆。建立民众教育馆的原因是当时西风东渐，社会上兴起了大众教育活动。最早建立民众教育馆的地方是江苏。当时，江苏省政府委派同盟会会员卢殿虎着手组织筹建省立通俗教育馆。1915年8月，江苏省立通俗教育馆在南京大中桥附近半边街(今公园路一带)的晚清名园——蔡和甫侍郎韬园故址正式创建，首任馆长为濮祁。这是近代中国设立最早、影响颇大的通俗教育机构。随后各地竞相效仿，纷纷开办类似的民众教育馆。与学校教育职能有所不同的是，民众通俗教育馆主要以"开通民智，改良风俗"为宗旨，开展综合性的社会公众教育，传播科学文化知识，藉以提高广大国民的整体素质。当时该馆设有"博物、图书、音乐、体育、讲演"诸部，包括通俗讲演所、图书馆和公共体育场等。次年馆内还增设了学校成绩展览室,后来因为体育场分立,故而取消了体育部。当时人们入馆参观,只需"铜圆乙枚"购票即可。据1922年出版的徐寿卿《金陵杂志续编》记载:该馆西临杨吴城壕(亦名"青溪"),"树木亭台,颇为雅致";馆内陈列物品琳琅满目,"足以感发人心之思",其中包括一些动植物解剖展示,诸如"杨梅结毒形状,惟妙惟肖";馆旁还设有音乐部,"笙歌管笛,无一不备"。因为北伐军的影响,该馆在1927年一度沦为兵营,馆务被迫终止。同年民国政府迁回南京,江苏省教育厅遂在7月聘请刘季洪为新任馆长,通过整理修葺,馆貌又逐渐恢复了原状。由于当时江苏地区实行大学区制等原因,该馆名称和隶属关系也发生了数次变化,内部机构不断调整完善。该馆先是改为国立第四中山大学(今南京东南大学前身)通俗教育馆。在馆内同仁的共同努力下,重新编订各项规程,出版发行民众教育刊物。1928年2月,第四中山大学改为江苏大学,该馆遂改名为江苏大学通俗教育馆。1929年10月该馆更名为江苏省立通俗教育馆,1930年8月改称江苏省立南京民众教育馆。在此期间,民众教育馆内部曾设编辑委员会、总务部、艺术部、图书部、科学部、教学部、实验区办事处等组织机构,包括举办民众学校或训练班、成立相关社团等,通过灵活多变的途径方

法、积极开展公民文化普及、卫生、健康、休闲、家事教育以及生计技能培训等活动，编辑出版《民众教育季刊》、《民众教育周刊》及其相关丛书，设立大中桥教育实验区等，不断向社会宣传教育、推广经验。当时馆中陈列了世界上新发明的科学教育名品，任民众参观参考；馆中还设有养蜂园等，供人观察、了解、学习养蜂技能；馆里还经常表演新兴音乐、戏剧等，寓教于乐，开启民智。1932年3月，朱坚白正式接任南京民众教育馆馆长一职。他与同仁还在南京南郊西善桥一带设立村民教育实验区，努力将大众教育由城市推广到乡村，促使该馆在国民教育中发挥着更大的作用。1937年12月，侵华日军进攻南京，城内惨遭战火袭扰，该馆房屋基本被毁，中国最早建立的民众教育馆也就从此不复存在。但回顾民众教育馆的这一段历史，我们可以发现，最早的民众教育馆有这样几个核心职能：博物展示；图书阅览；生活教育；技能培训；文化科学普及；文艺演出。1949年10月，新中国建立后，中央人民政府成立了教育部。教育部借鉴苏联兴办文化馆事业的做法，将接收的国民政府遗留下来的近千个民众教育馆，以及解放区的民众教育馆，改称和改建为人民文化馆，后又改称文化馆。二十世纪六七十年代的县级文化馆大多内设这样几个部门：图书组、文物组、创作组、美术组、辅导组、编辑组、活动组等。其内设机构大致和民众教育馆差不多。从中，我们可以看出文化馆对民众教育馆功能上的延续。二十世纪八十年代之后，图书组从文化馆分了出去，单独成立了图书馆；文物组从文化馆分了出去，单独成立了博物馆。这样一来，文化馆在图书服务和文物服务方面的职能明显弱化和被取消，但文化馆从事社会公众教育、普及文化艺术知识、举办文艺演出和开展文化活动的功能并没有变。

在今天，我们该用什么样的话语来表述和定义文化馆呢？我觉得可以这样说：文化馆是由国家、地方政府建立、支持和资助的公益性文化机构，它向社会所有成员平等开放，以开展社会公众教育、普及文化艺术知识、传承发展优秀活态文化、组织开展群众文化活动为主要工作内容，为全体公民提供各类公共文化资源和公共文化服务，使他们可以获取知识、信息、娱乐和创造力。

如果拿文化馆和图书馆相比，人们总是对图书馆更容易了解。事情就是这样，一般说来，简单的或是单一的东西总是比复杂的或是丰富的东西容易被人们理解。我很敬重图书馆，但是图书馆的工作内容确实是要比文化馆简单得多。就是从字面上说，"图书"一词也比"文化"一词简单得多。大多数人能说清楚"图书"是什么，但很难说清楚"文化"是什么。就是问起许多做文化工作的人，也未必都能够把什么是"文化"说得清楚楚。

图书馆的核心工作主要是图书借阅服务。文化馆的工作要比图书馆的工作多得多。文化馆要开展公益性文化艺术服务和社会艺术教育工作；要辅导培训基层文化人员和文艺骨干；要组织开展群众文化活动；要组织创作生产和推广群众文艺作品及其他公共文化产品；要组织开展相关文化理论研究；要保护和利用非物质文化遗产；要组织开展文化交流活动。文化馆有艺术培训教室，向人们提供公益文化艺术培训；文化馆有电子阅览室和图书室，向人们提供图书阅读和电子阅读；文化馆有艺术展厅，向人们提供艺术品展览；文化馆有非物质文化遗产展示厅，人们可以在这里学习非遗；文化馆有多功能厅、小剧场、报告厅，人们可以在这里看演出，听讲座；文化馆有录音棚、摄像室，人们可以在这里进行各种音乐、影像制作。现在有的文化馆还建立了数字文化体验区，人们在这里可以尽情享受数字文化带来的乐趣。文化馆还开展免费艺术培训，人们可以在这里接受各种艺术培训和社会教育。文化馆搞文艺创作，就像一个创作室。文化馆搞理论研究，就像一个小研究所。文化馆办杂志，就像一个杂志社。文化馆办网站，就像一家网站运营机构。文化馆搞创意策划，搞展览，举办各种文化活动，就像一个专门从事文化策划执行的机构。文化馆搞非物质文化遗产保护，是名副其实的非物质文化遗产保护中心。此外，文化馆还送戏、送展览、送讲座、送辅导到基层，开展流动文化服务。文化馆还做其他许许多多和文化相关的工作。可以说，文化馆的工作内容是无所不包。但是，文化馆最主要和核心的工作，就是开展社会公众教育和全民文化

艺术普及、传承发展优秀活态文化、组织开展群众文艺创作和群众文化活动。

5. 现代公共文化服务体系背景下的文化馆的地位和作用

从2005年党的十六届五中全会提出建立覆盖全社会的公共文化服务体系以来，公共文化服务体系已经上升为国家文化发展战略。党的十八届三中全会又提出构建现代公共文化服务体系。在构建现代公共文化服务的背景下，我们有必要对文化馆的地位和作用进行再思考、再认识。

对现代公共文化服务体系背景下文化馆的地位和作用，我愿意说这样四句话。第一句是，文化馆是走中国特色社会主义文化发展道路的重要标志。我们现在走的是中国特色社会主义文化发展道路，要建设的是社会主义文化强国，文化馆恰恰是走中国特色社会主义文化发展道路的重要标志。因为文化馆是一个非常有中国特色的文化机构，和日本的公民馆不一样，其他国家也找不出和文化馆类近的公益性文化机构。我一直觉得，中国只有把文化馆事业做好了，才最值得骄傲，也最值得外国人学习。第二句话，文化馆是中国公共文化服务体系不可或缺的重要组成部分。公共文化服务体系最大的难点是均等化，文化馆体系一直延伸到村，延伸到社区，因此，也唯有文化馆体系最能推动实现公共文化服务均等化。所以说，文化馆不是说可有可无，而是绝对不可缺少。中国政府真的要维护文化人权，要保障人民群众的基本文化权益，要真正实现公共文化服务均等化，就必须要充分重视和发展好文化馆事业，充分发挥文化馆的功能。第三句话，文化馆是党和政府联系人民群众极为重要的桥梁和纽带。图书馆提供服务的载体主要是图书，博物馆提供服务的载体主要是文物，美术馆提供服务的载体主要是艺术品，而文化馆提供服务的载体主要是人，文化馆的服务主要是人对人的服务，培训、辅导、演出，非遗的学习与传承，都需要人来提供服务。即便是有了数字化服务，人对人的服务还是第一位的。因为是以人为载体的服务，这种服务必然是亲切的、亲近的、人文的、温暖的、温馨的、细腻的、丰富的、生动的、更能走进人心的。文化馆的服务更能直接地体现党和政府对群众的文化关怀。党和政府要更好地了解文化民生，了解人民群众的冷暖，连接人民群众的情感，文化馆是一个很好的通道和纽带。办好文化馆，也是坚持群众路线的具体体现。第四句话，文化馆是传统文化的传承者，现代文化的创造者，是社会主义核心价值体系的弘扬者，是建设社会主义文化强国的重要载体。在整个文化传承的链条上文化馆是极为重要的一个环节，中华优秀传统文化的传承、阐发、弘扬，以及中华优秀传统文化要完成创造性转化和创新性发展，都需要文化馆在其中发挥作用。文化馆一方面传承着包括非物质文化遗产在内的优秀传统文化，一方面又激发着全社会的文化创造热情，创新现代文化。文化馆开展群众文化活动和群众文艺创作，其精神内核就是社会主义核心价值观。因此，文化馆是发展社会主义先进文化，建设社会主义文化强国的重要载体。

文化馆的工作和老百姓的日常生活密切关联，对老百姓的心态、价值观、生活方式产生着巨大影响。文化说起来很复杂，如果作简单的分析，其内容无非也就是两样东西，一样是价值观或者说是价值体系，一样就是生活方式。而价值观和生活方式又有着紧密的关联，一般说来，价值观决定、支配和影响着生活方式，而生活方式也影响和体现着价值观。换句话说，有什么样的价值观，就会有什么样的生活方式，这二者之间是相互影响、相互匹配的。在传统社会，我们一直强调"礼义廉耻"。古人认为礼定贵贱尊卑，义为行动准绳，廉为廉洁方正，耻为有知耻之心。"礼义廉耻"就是我们的核心价值观。《管子·牧民》中说："国有四维，一维绝则倾，二维绝则危，三维绝则覆，四维绝则灭。倾可正也，危可安也，覆可起也，灭不可复错也。何谓四维，一曰礼，二曰义，三曰廉，四曰耻。"为什么说"礼义廉耻"这么重要呢？因为它决定和影响着人们日常的行为方式。打个比方，我们两个相遇了，坐下来，面前放着两杯水，一杯水多一点，一杯水少一点，我取了少的这杯，把多的这杯给你，这可以谓之"礼"。什么是"义"呢？还是我们两人面对面坐着，但面前只放着一杯水，我们两人都很渴，但是我忍住自己的渴，把唯一的一杯水让给你喝，这可谓之"义"。什么叫"廉"呢？还是我们俩面对面坐着，面前还是放着两杯水，这两杯水一样多，你喝你的一杯，我喝我的一杯，谁也不讨谁的便宜，这是不是"廉"？什么叫"耻"呢？还是我们俩面对面坐着，面前还是放着两杯水，我先把自己的这一杯水喝了，趁你不注意，把本属于你的那一杯水也抢过来喝了，这是不是"耻"？之所以说核心价值观重要，是因为核心价值观的背后，是人们日常的行为方式。一个人价值观如何，我们从他日常的行为、举止，从他待人接物、为人处世的态度和方式，从他的目光、表情、语言表达、肢体表达中很容易就能看出来。因此说，文化建设，最重要的就是核心价值观的建设。所以中央说，社会主义核心价值体系是兴国之魂。中央提出要培育和践行社会主义核心价值观，倡导富强、民主、文明、和谐，倡导自由、平等、公正、法治，倡导爱国、敬业、诚信、友善，就是希望通过这24个字的核心价值观约束、规范、影响人们的日常生活方式和行为。

当然，我们在培育和弘扬社会主义核心价值观的过程中，不能只是简单地跟老百姓说这么一些词。就说爱国吧，你得告诉老百姓，什么是爱国,作为普通老百姓到底该怎么样去做才是爱国。宁波市象山县的渔民一出海就是几个月或是半年、大半年,对于他们,我们文化馆就可以通过讲座,告诉渔民海洋的知识,岛屿的知识,海洋国土的知识,海上安全的知识,海洋法的知识。要告诉渔民,在海上作业,应该如何遵守海洋法。如果自己的渔船受到非法侵扰,应该如何对待。如果自己被其他国家的海警非法扣留了,该怎么去应对。在遇到突发事件的时候,该如何保持中国人的尊严。这些都是我们需要去做的。我们可以把价值观的培育融进我们的服务当中。

我们在培育和弘扬社会主义核心价值观的同时,还要考虑如何引导老百姓建立新的健康的生活方式。文化总体而言,就是引导人们的生活从粗陋走向精致,从粗俗走向高雅,让人们的日常生活审美化、艺术化。在中国众多的城市当中,我特别喜欢苏州,喜欢她的宁静、含蓄、温柔、细腻、聪慧、靓丽,喜欢她的精雅、精细、精美、精致、精巧,喜欢她的典雅、温婉、灵秀、高贵。苏州之所以会有着这样的气质和品位,和文化在其中起着引领作用有着很大关联。古代,中原经济文化比较发达,江南相对落后。大约3200多年前,泰伯奔吴,建立勾吴国,为江南带来了发达的中原文化和先进的农业文明,使得江南文化获得了一次大的发展。从汉武帝时代向南开发,大量人口从北方迁移到淮水和长江之间,把北方的文明带到了南方。西晋时期的"永嘉南渡",北方人批皇族贵戚、氏族大姓为躲避战乱纷纷携家南逃,为南方带来了发展相对成熟的中原文化。唐代"安史之乱"之后,北方居民大量南迁,再次将中原文化带到南方。"靖康之乱"之后,宋朝南迁,仅两浙路、江西路、江东路,就有500多万北方移民迁入南方定居。这500万人当中,有政治精英,有文化精英,有种植高手,有精明的手艺人。这些人一过来,就必然带来了南北文化的交流、碰撞和融合,从而促进南方经济、技术和文化艺术的发展。文化精英对老百姓的影响是巨大的。单从实用的角度来说,蒲扇也可以扇风,但是苏扇上有文徵明写的字,唐伯虎画的画,那立马就有了档次,成了艺术品。苏绣,苏州缂丝,苏州园林,这里面都融进了文化精英的审美和艺术创造，都体现了精致、精雅、精美，这也影响和带动了苏州百姓审美品位的提升。因此，我觉得，在我们的文化建设当中，应该注重精英文化的引领。我们强调群众主体，但也要发挥精英文化的作用。在轴心时代，东西方出现的老子、孔子、释迦摩尼、苏格拉底、柏拉图，都是那个时代的精英，他们的思想直到今天还在影响着全人类。如果说我们今天忽视了、忽略了、减低了、减弱了精英文化对大众文化的影响和引领，我们的文化将永远地在低层次和低端状态下运行。因此今天在我们文化馆所开展的活动当中，既要体现人民群众的主体地位，也要强调主流文化、精英文化对大众文化的影响和引领。文化的作用就是要引领人们从粗俗走向高雅，从低端走向高端，从富贵走向高贵。

文化馆的工作是极其有意义的。文化馆工作的意义可以从三个层面来说。第一个层面是满足人民群众的基本文化需求，保障人民群众的基本文化权益；第二个层面提高全民族的科学文化素质，激发人们对更高精神境界的追求；第三个层面是培育和凝聚社会共同价值观，激发全民族的文化创造活力，使人民群众的精神风貌更加昂扬向上。

文化馆有着自己的核心价值。文化馆的核心价值是由文化馆的功能、地位、作用所决定的。文化馆的核心价值是传承、创新、引领、繁荣。传承，即传承优秀传统文化；创新，即创新发展现代文化；引领，即引领时代文化风尚；繁荣，即繁荣群众文化生活。

## 谈话三：文化馆对国家和国家的文化建设作出了巨大贡献

### 6. 文化馆存在的必要性

有一阶段，老是有人对文化馆的公益性提出质疑，甚至有人怀疑文化馆存在的必要性。我也曾经面对过这样的质疑。2011年3月，我还专门写了《文化馆存在的必要性》一文，回答这样的质疑。

其实，对于文化馆存在的必要性，毋庸置疑。一是《宪法》明确规定要发展文化馆事业。文化馆事业是中国特色社会主义文化事业的一个重要标志，是中国特色社会主义事业的一个有机组成部分。《中华人民共和国宪法》第二十二条明确规定："国家发展为人民服务、为社会主义服务的文学艺术事业、新闻广播电视事业、出版发行事业、图书馆博物馆文化馆和其他文化事业，开展群众性的文化活动。" 二是文化馆的功能决定了它有存在的必要。文化馆的基本职能是：普及文化艺术知识，组织开展群众文化活动，辅导基层文化骨干，开展社会教育工作，传承优秀民族民间文化。文化馆是人民群众接受文化艺术教育、开展文化活动、传承民族民间文化的空间和场所。文化馆的所有设施场地免费向社会开放，包括多功能厅、展览厅（陈列厅）、舞蹈（综合）排练厅、辅导培训室、独立学习室（音乐、书法、美术、曲艺等）、文艺教室、娱乐活动室、计算机与网络教室（电子阅览室）等。此外，文化馆还向社会提供包括基本公共文化服务在内的多样、丰富的公共文化产品和公共文化服务，这一独有的重要功能决定了文化馆应该存在。三是文化馆所做的工作决定了它应该存在。文化馆以文艺的形式宣传党的方针、政策，建设和传播着先进文化。文化馆是倡导、传播主流文化和先进文化的重要阵地。文化馆所创作和提供的公共文化产品体现着社会主义核心价值观和先进文化导向。文化馆常年组织开展丰富多彩的群众文化活动，这些活动极大地丰富了人民群众的文化生活。文化馆常年对群众文艺团队、文化站以及基层开展辅导、指导、培训等工作。文化馆组织和培育了大批业余文艺团队，并负责对辖区内的群众文艺团队、文化站进行业务上的辅导、指导、培训，促进了区域内群众文化的发展和繁荣。文化馆常年开展送演出进社区、进乡村等活动。文化馆通过开展流动服务和数字化服务，使更多的人群受益，并使服务更多地向偏远地区群众、残疾人、未成年人、老年人、外来务工人员倾斜。四是文化馆所发挥的作用决定了它应该存在。文化馆为群众提供了基本公共文化服务，在一定程度上保障和实现了人民群众的基本文化权益。文化馆发展繁荣了群众文化，使人民群众广泛参与到文化中来，体现了人民群众在文化建设中的主体地位，发挥了人民群众在文化建设中的重要作用。文化馆对传承民族民间文化，发展先进文化，建设中华民族共有精神家园作出了贡献。文化馆的工作提高了人民群众的科学文化素质，激发了人民群众的文化创造活力，促进了社会稳定与经济发展，提高了人们的幸福指数。这些，都足以证明文化馆应该存在，必须存在。没有了文化馆，中国老百姓文化生活的质量必定会大受影响，文化权益的保障必定会大受影响。

### 7. 文化馆是个特别适合人成长的地方

凡是在文化馆工作过的人，对文化馆都很有感情。坦率地说，我是很喜欢文化馆这个行业的。从个人角度来说，我觉得文化馆是个特别适合一个人成长的地方。一个人的成长是多方面的，这个成长包括知识的成长、阅历的成长、经验的成长、情感的成长、思想的成长、境界的成长、品格的成长、创造力的成长等等，而文化馆恰恰在这些方面都有助于你的成长。我原来从事专业创作，如果我至今依旧还是当一个专业作家，没有进入到文化馆这个行业，我可能所关注的还是文学创作这一块，关注小说、散文、诗歌，但是进入文化馆之后，我所关注的自然而然地从文学扩展到文艺，再扩展到文化。这些年，我除了继续从事文学创作外，还创作了许多歌词，写了很多关于文艺作品的评论，为几十位音乐、舞蹈、戏剧、曲艺、书法、美术、摄影作者的作品集写过序，编辑了十几年的《文化新世纪》杂志，参与策划的"人文江苏·祥云小屋"项目获得2008北京奥组委颁发的"最佳策划奖"和"最受欢迎奖"，参与策划了在上海世博会上举办的"江苏活动周"，为30多台省级以上大型电视文艺晚会担任策划和撰稿，策划、撰稿并指导拍摄的《守护精神家园》、《丝竹雅韵萦江南》等多部电视专题片在江苏卫视播出，培育和打造了"长江流域文化资源整合、共享、利用"、"区域文化联动"、"公共图书馆数字化建设与创新管理"等三个先后获得文化部第二、第三、第四届"创新奖"的项目，创意并指导实施的张家港市"网格化公共文化服务"项目得到中央领导的高度肯定，并由文化部向全国推广。此外，我还参与制订了《文化部、财政部关于推进全国美术馆、公共图书馆、文化馆（站）免费开放工作的意见》等多个中央文件，参与了国家公共文化服务体系制度设计研究的有关工作和国家层面的公共文化服务体系建设重大工作，指导了全国各地国家公共文化服务体系示范区创建工作。这些年还应邀在中央文化管理干部学院、南京大学、东南大学、山东大学、浙江大学、国家图书馆、上海图书馆、南京图书馆以及全国各地市委中心学习组作过数百场文化方面的讲座，《人民日报》、新华社、《中国文化报》等20多家主流媒体对我作过介绍和访谈。我刚进文化馆时，只出版了两本书，现在，我出书的总量已达到30本。如果不是进入到文化馆工作，我创作的面肯定不会这么宽，接触的人不会这么多，工作所涉及的面也不会这么广，我更不可能成为公共文化理论研究的专家，我自身的创造力也不可能得到这么好的激发。如果不做文化馆工作，我估计我今天也不会整天这么忙。所以我说，文化馆是最适合人成长的地方。在文化馆工作，让我的内心自信、踏实、饱满、丰盈、安宁、幸福。在文化馆工作，自己就是把全部的才情都展现出来，也依旧有做不完的事情。

前面我说过，当年我刚进文化馆时，文化馆一片哀叹之声，因为当时国家准备实施的事业单位改革方案，是要在三年之内，把文化馆推向市场。但是，我认定文化馆不会消亡。于是，我决定拿自己做个实验，我就在文化馆工作，看我到底在文化馆能不能做出一些事情，能不能活得有成就，能不能活得有尊严感，能不能活得幸福。现在，我虽不能说自己交出了一份好的答卷，但至少可以说，我自己这些年的努力没有白费。

我是真心希望在文化馆工作的同仁们都能增强对文化馆这个行业的信心。文化馆给了我们成长的空间和条件，关键在于我们自身要成长。我们自身成长了，事业就成长了，这个行业就成长了。如果说我们自身不成长，我们这个行业就不会成长。所以说文化馆就是这样，文化馆的成长依赖于文化馆人的成长，而且，人和事业是互动的，首先是这个平台给了你成长的空间，你个人成长了，这个空间就会越来越大，平台就会越来越高。你如果不成长，这个空间就会萎缩，这是互动的关系。这一点，我必须要和文化馆的同志说清楚。

在所有的公共文化机构中，文化馆的平台最大，最宽，最广。文化馆做的是文化，只要是与文化相关的事情我们都能做，都可以做得很有品位，很高端，特别是文化创造方面的事情。一个平台是不是适合一个人成长首先有赖于一个人对这个平台有没有全面深刻的认识。你没有意识到这个平台会给你带来什么，你不知道这个平台给你带来的人生的边际是多大，人生的领域是多大，人生的舞台是多大，本来是一个很大的平台，你如果把自己圈在一点，那就不是这个平台的错，而是你自己的错。有人瞧不上文化馆，不是文化馆这个平台本身不够大，不够高，而是他把这个平台看小了，看低了。因此，我们从事文化馆工作的同志，一定要把文化馆的广度和高度做出来，要以实际成绩让业内和业外的人刮目相看。

### 8. 文化馆为维护老百姓的文化权益作出了巨大努力

文化馆事业是随着新中国的建立而建立的。新中国刚成立的时候教育基础相当薄弱，文盲、半文盲的人口很多，人口的文化素质处于很低的一个状态。因此，文化馆在成立之后，第一件事就是办了很多扫盲班、认字班，普及文化知识。如果从维护人民群众基本文化权益的角度来说，我们也是在最低的起点上，开始维护人民的文化权益。同样生活在这个世界上，一个识字的人和一个不识字的人，一个识少许字的人和识很多字的人，一个只掌握了少量词汇的人和一个掌握了大量词汇的人，一个只有简单知识的人和一个具有丰富知识的人，他们对事物的认知，对生活的认识，对世界的判断，其差别其实是相当大的，精神生活的质量也是不同的。我们每个人精神世界层次的差别，跟我们的阅读和对知识的掌握是有紧密关联的。一般说来，你认识的字越多，你阅读的量越大，你的知识面越广，你对世界的体察就会越深刻，你对世界的感受就会越丰富，你对世界上细腻的、细微的、美好的东西就会有更多的领略和体悟。过去没有文化的农民，其命运是非常悲惨的，你看过去有许多不识字的农民稀里糊涂地就在卖田卖地卖儿卖女的契约书上按手印了，因为他根本看不懂。那么文化馆开设扫盲班,这实际上就是维护了人民群众基本的受教育权、文化权。文化馆还做了一项极为重要的工作,就是组织开展群众文化活动。老百姓原来文化生活匮乏啊,生活枯燥、单调,文化馆、站就组织演出,开展各种各样的文化活动。这些年,文化馆开展的活动可以说是越来越丰富,舞台也越来越漂亮,演出也越来越精彩,这些活动可以说极大地丰富了人民群众的文化生活。从大的方面来讲,文化馆这个行业的的确确是维护了人民群众基本文化权益,对普及科学文化知识,对丰富人民群众的精神生活,对提升人民群众的素质、境界,起到了非常重要的作用。

几十年来,文化馆为老百姓做了很多事情,几代文化馆人也都为文化馆事业的发展做了很大的贡献,有无数的文化馆人为了丰富老百姓的文化生活献出了自己的智慧、青春、才华,乃至生命。在从中央到地方各级政府和文化部门历年表彰的文化工作者当中,我们都可以找到这样的身

影,这是我们作为今天的文化馆人,必须尊重的,也是历史应该牢记和铭刻的。

文化馆事业是由一代代人不断努力、不断向前推进的。文化馆事业现在到了我们手中,我们也应该承担起我们这一代所应该承担的责任,这是一份情怀,也是一种使命。

### 9. 文化馆为国家的文化建设作出了巨大贡献

从国家文化建设的角度来说,我们国家现在的文化建设分为两大块,一块是文化产业,一块是文化事业。文化事业这一块,主要就是公共文化。对于文化馆来说,它有一个很重要的功能就是延续文化脉络,继承文化传统,建设现代文化。在文化建设和文化发展的链条当中,文化馆是其中极其重要的一个环节,如果缺少了这个环节,中国文化的传承和发展,就会断掉一个链条。应该讲,新中国建立之后,我们第一代的文化馆

人，我觉得他们都是当地的文化精英，是当地的文化通。在传统社会，中国的乡村是存在乡绅阶层的，乡绅阶层在一定程度上对传承文化、教化民众起了一定的作用。文化馆人、文化站长，也是社会上的贤达人士，他们所做的工作，对传承传统文化，启发和引导民众建设新文化，起到了重要作用。从文化建设上来讲，如果没有文化馆这个行业的存在，就意味着在县、乡镇这一块就没有人来做文化的守望，文化的延续，文化的传播，因此，文化馆的存在极其重要。文化馆还长期开展艺术培训、艺术辅导、艺术普及，特别是长期开展对民族民间文化的收集、整理、研究。说到这一点的时候，我们不得不说，文化馆人的的确确是为中国民族民间文化的保护，为中国传统文化的保护做出了巨大的贡献。他们所参与的一项重要的文化工程，就是由文化部会同国家民委、中国文联有关文艺家协会自1979年陆续发起并组织实施的十部"中国民族民间文艺集成志书"。经过全国10余万文艺工作者25年的努力，规划的298部省卷（450册、约5亿字）的书稿2006年全部出版。这十部中国民族民间文艺集成志书，包括《中国民间歌曲集成》、《中国戏曲音乐集成》、《中国民族民间器乐曲集成》、《中国曲艺音乐集成》、《中国民族民间舞蹈集成》、《中国戏曲志》、《中国民间故事集成》、《中国歌谣集成》、《中国民间谚语集成》和《中国曲艺志》，涵盖中国民族民间音乐、舞蹈、戏曲、曲艺和民间文学诸学科，收集、整理了流传于民间的各民族文学艺术的基础资料，如歌种、乐种、舞种、剧种、曲种、神话、传说、故事、歌谣、谚语等，通过对民间文学艺术的产生、发展、衍变的记述，介绍了它的历史和发展规律；通过人物介绍、文物、音乐、图片、照片、服饰、场所等记载，表现了各门类艺术的原始面貌特色。这是对中国浩如烟海的民族民间文艺进行的一次全面、深入的普查、挖掘和抢救，系统地收集和保存了我国各地各民族民间优秀文学艺术遗产，记述了各地各民族民间优秀文学艺术的历史和现状。为了这十部中国民族民间文艺集成志书的完成，文化馆、站工作者付出了巨大的辛劳。当年的文化馆人自带干粮，拿着简单的照相机，带着录音机和磁带，走村入户，走访每一个当地的民间艺人，会说故事的，会唱的，会弹的，会拉的，会跳的，把他们口述的、表演的东西——记录下来，整理出来，把相关的实物和资料都搜集起来。这十部中国民族民间文艺集成志书的编撰被誉为二十世纪末中国最伟大的一项文化工程。在长达20多年的时间里面，文化馆人确实是付出了大量的劳动和非常多的心血，他们为保存中国民族民间文化作出了巨大的不可磨灭的贡献。

另外一点，我们也不得不说，在长期的群众文艺创作的过程当中，文化馆人自觉地汲取了民族文化的营养，创作了很多好的作品。我们有很多经典的作品，都是在传统的民歌、民舞、民乐的基础上再创造产生的，包括很多获得群星奖的作品，获得中国民间文艺山花奖的作品。2003年以来，国家文化部实施中国民族民间文化保护工程，开展非物质文化遗产保护，这10多年中，文化馆又为保护非物质文化遗产发挥了非常重要的作用。因为全国大多数文化馆都是当地的非物质文化遗产保护中心，这些年，文化馆人在对非物质文化遗产十六个类别的普查上，对代表性项目和传承人的评选和认定上，对非遗项目保护规划的制订上，对非遗宣传活动的开展上，对非遗具体项目的展示上，以及在对非遗场馆的建设上和非遗展厅的呈现上，在对非物质文化遗产抢救性保护、整体性保护、生态性保护、生产性保护、数字化保护上，以及如何让非物质文化遗产融进民间融进当代生活，怎么让非物质文化遗产走出去，等等方面，文化馆人都作出了卓越的贡献。可以说，如果没有文化馆人，中国的非物质文化遗产保护工作根本没有办法全面开展，中国的非物质文化遗产保护也不可能取得今天的成绩。所以说，中国的文化馆人是为中国的文化建设，为中国的文化发展作出了巨大贡献。

文化馆这个行业为国家的现代化建设，也作出了巨大的贡献。中国的文化馆事业和中国社会主义事业的建设是同步的，中国的文化馆事业发展也是深深地融合或者说契合在整个中国的社会主义建设发展的进程当中，或者说是洪流当中。在这当中，文化馆并不是被动的，而是随着这个洪流在向前走，并且对社会主义现代化建设形成了一个巨大的推动力。我们说文化具有引领风尚、教育人民、服务社会、推动发展的功能，我觉得这四

大功能在文化馆身上都有非常切实、生动的体现。从引领风尚来讲，文化馆宣传党的方针政策，培育、弘扬社会主义核心价值体系，弘扬中华优秀传统文化，就是用思想和价值观引领时代文化风尚，对巩固党的执政地位，推动党的方针政策在基层的贯彻执行，融洽党和人民群众之间的感情，促进社会的和谐、稳定，起到了不可替代的作用。我可以说这是文化馆人对中国特色社会主义建设所作出的独特贡献。文化馆人对党的热爱，对社会主义的热爱，对人民的热爱，对国家的热爱，我觉得是最真挚、最深切的。很多在基层文化馆、文化站工作的同志，条件那么艰苦，薪水那么微薄，在20世纪70—80年代，我们有大量的民办的文化站站长，每个月只有十几二十块钱的工资，但他们兢兢业业地在岗位上工作着，怀着如火的热情，办黑板报，做宣传，做表演。他们用自己的热情，激发了人民群众对国家的热爱，对社会主义的热爱。对文化馆人所作出的历史功绩，我们应该予以充分的肯定。从教育人民来讲，文化馆一直以文艺的形式和内容影响人，培育人，塑造人，提升人。无论是在乡村，还是在社区，只要有文化馆、站介入了，这个地方环境就会靓丽起来，文化就会靓丽起来，人就会靓丽起来。从服务社会来讲，文化馆为企业，为学校，为军营，为各行各业，做了大量的服务性工作。从推动发展来讲，文化馆人给了人们精神的动力，提高了人们的素质，激发了人们生活、工作和创造的热情，对整个国家经济社会的发展，无疑是起到了一定的推动作用。

文化馆的工作，融合了主流文化、精英文化、大众文化，既承接传统，又指向现代，始终坚持和体现着先进文化的前进方向，应该说非常了不起。

## 谈话四：文化馆转型升级的基础和条件

### 10. 文化馆转型升级的基础

我们提出推动文化馆转型升级，建设现代型文化馆，并不是从头开始，另起炉灶，而是在文化馆事业发展现有的基础上展开。

文化馆伴随着新中国的建立而建立，通过几十年的发展，文化馆事业取得了很大成绩，也形成了一定的基础和优势。

一是文化馆形成了一个较为完整的体系。蔡武部长在中国文化馆协会成立大会上说，构建现代公共文化服务体系，履行现代政府的公共文化服务职能，面向人民群众提供标准化、均等化公共文化服务，主要有"五大支柱"，就是文化馆体系、公共图书馆体系、博物馆体系、美术馆体系和公共数字文化体系。在文化部长的眼里，文化馆是一个重要的体系。虽然目前国家尚没有成立国家文化馆,但已由文化部国家公共文化发展中心代行国家文化馆的职能,从中央到省、市、县、乡、村,各级文化馆、站、室已经构成了一个完整的文化馆设施网络体系。据统计,2013年全国群众文化机构实际使用房屋建筑面积3389万平方米,其中,乡镇综合文化站实际面积1966万平方米。中共中央政治局委员、国务院副总理、中央文化体制改革和发展领导小组副组长刘延东在3月24日至25日在京召开的全国文化体制改革工作会议上明确强调文化馆是公益一类事业单位,进一步强化了文化馆的公益属性。

二是文化馆有一支具有一定素质的人才队伍。我们很难说文化馆人才队伍多么优秀,结构多么合理,但总体而言,文化馆队伍还是具有一定素质的,其中不乏优秀人才和杰出人才,也可以说是藏龙卧虎。文化馆目前这支队伍里面,我觉得还有大部分人的潜能没有被发现,没有被开掘出来,没有被完全释放出来。这几年,各级文化馆都新招入了为数不少的新人,这些新人中,有本科生,还有研究生、博士生,他们的加入,提高了文化馆队伍的学历层次,优化了文化馆队伍的人才结构,也给文化馆行业带来了新的生机和活力。这几年新进来的80后、90后,已经成为文化馆重要的新生力量。统计数据也表明,全国文化馆、站从业人员数量不断增长,结构不断优化。2013年从业人员16.43万人,比2010年增长了9.8%,平均每个文化馆增加1.2人,每个文化站增加0.4人。2013年,全国各级文化馆、站从业人员中,中、高级职称所占比重分别为29.2%和9.8%。

三是文化馆在社会上赢得了一定的声誉。这几年,特别是2011年进一步推进免费开放以来,文化馆整体向公益性回归,开展了面向全社会的普及性文化艺术培训和丰富多彩的群众文化活动,重塑了文化馆的公益形象,赢得了社会的广泛赞誉。2011年,文化部、财政部全面实施文化馆、站免费开放以来,中央和地方经费投入大幅度增长。2013年全国文化馆、站的财政拨款总额147.84亿元,比2010年增长了83.9%。文化馆站标准化、规范化建设深入推进,服务效能显著提升。2013年,全国文化馆站共组织各类文艺活动74.06万次,比2010年增加了16.39万次,增长了

28.4%。文艺活动参加人次达4.41亿，比2010年增长了55.8%。举办培训班39万次，比2010年增长了9%。举办展览13.8万次，比2010年增长了18%。

四是文化馆具有自己独特的业务优势。文化馆毕竟已经走过了65年的发展历程，它在长期的服务实践当中积累了大量的经验，也形成了自己非常独特的业务。第一是举办群众文化活动。这可以说是各级文化馆的拿手好戏。不管是什么样的群众文化活动，大型和综合性的文化艺术节也好，还是各种纪念性、节庆性、宣传性、庆典性、赛事性、专题性、品牌性、娱乐性的群众文化活动，不管规模的大与小，文化馆操办起来都特别得心应手，都能很好地体现主办者的意图，能够把主流文化、精英文化、大众文化有机地融合在一起，这是其他公益性文化机构所不能比的，甚至也是社会上的非营利组织、文化公司没法比的。这也是各地各级政府只要举办大型群众文化活动，总是交给文化馆来承办的原因。第二是全民文化艺术普及和培训。这么多年来，各级文化馆一直把开展文化艺术普及与培训作为重要的工作内容。深入推进免费开放以来，各级文化馆更是加大了开展免费艺术培训的力度，设置了涉及各个文化艺术门类的艺术培训班。成都市文化馆成立了市民文化艺术培训学校，建立起了以成都市文化馆市民艺术培训学校为总校，区（市）县文化馆20所分校、街道文化活动中心（乡镇文化站）315个辅导站、社区（村）3000多个基层辅导点为载体平台的市民文化艺术培训总分校运行管理机制，并实施"四个统筹"：教学要求和课程设置统筹布置；教学和考核管理办法统筹制定；授课人员由总校组织统筹培训；师资力量通过资源整合统筹调配，实现了城乡公益文化艺术辅导培训的全域覆盖。各地文化馆所搞的很多公益培训、公益讲堂，也都很有特点。第三是收集、整理、研究民族民间文化，保护传承非物质文化遗产。文化馆天生与民族民间文化有着割不断的联系，一方面延续着、发扬光大着中华民族优秀的文化传统，传承着优秀的非物质文化遗产；一方面吸收着民族民间的营养，利用非物质文化遗产资源来创作今天的作品。文化馆在对民族民间文化深透的理解上，对非物质文化遗产资料的占有上，在把民族民间文化的精华转化成现代公共文化产品上，具有天然的优势，也取得了非常大的成绩。第四是培育文艺团队和文化骨干。各级文化馆培育了大量的文艺团队、文化骨干，近年，又组建了数量可观的文化志愿者队伍。文化馆虽说在职、在编的人员数量不大，但是我们每个文化馆背后都有若干支文艺团队，都有庞大的文艺爱好者队伍、文化志愿者队伍作支撑。北京群艺馆很早就在全市建立起了文化志愿者队伍。成都市文化馆联合成都画院、成都图书馆、成都市川剧院、武侯祠博物馆、杜甫草堂博物馆、成都理工大学、成都大学、区（市）县文化职能单位等51家单位共同发起成立了成都市文化志愿者协会，注册登记会员1.6万多名，开展志愿服务项目和活动约300多场次。许多文化馆一年能够搞几十到上百场，乃至上千场演出，背后主要都是靠文艺团队和文化志愿者的支撑。银川市文化艺术馆，每年从4月16号到10月16号，在长达半年的时间里，每天都在玉皇阁广场搞文艺演出，演出队伍主要也都是业余文艺团队。宁波市鄞州区邱隘镇文化站从2008起就建立起了文化义工队伍，这支队伍对于文化站的建设与服务发挥了重要作用。

文化馆和社会连接面广，具有丰富的社会资源，这是其他公益性文化机构所比不了的。文化馆的工作涉及各个领域，各个阶层，各个行业，既与普通民众有关联，也和高端群体有关联；既和老百姓有关联，也和领导有关联，既和部队、学校、机关有关联，又和企业有关联，因此文化馆手上所掌握的，能利用的，能使用的社会资源极其丰富，这为文化馆吸引社会力量参与公共文化服务打下了很好的基础。文化馆自身也拥有重要的品牌资源，尽管我们也经常抱怨说文化馆知名度不高，影响力不够，社会认同度不强，但这是我们自己对自己的苛求。如果文化馆真的社会认同度很低，群众都不支持，文化馆又怎么可能在政府拨给经费十分有限的情况下，能吸引这么多的社会资金，组织开展这么多的文化活动？这不就是文化馆的品牌在起作用吗？大家都知道文化馆毕竟是国家设立的公益性文化机构，有这么多年的历史了，而且文化馆的的确确靠着自己长年累月、日复一日所开展的文化活动和文化服务，积累了很好的名声，也赢得了社会各界和老百姓的支持，因此，文化馆在和企业，和各个行业、各个部门联合开展活动的时候,总能获得方方面面的支持。这是文化馆非常重要的一个优势,也是文化馆转型升级的重要基础,如果没有这些,我们就等于白手起家。文化馆的转型升级是建立在文化馆现有优势和已有成绩的基础之上,再进行一个华丽的转身,由传统型文化馆转变成现代型文化馆。

另外,文化馆这支队伍本身对文化馆事业的钟爱,对文化馆的未来发展抱有极大的希望和信心,也是文化馆转型升级重要的动力和基础。如果说文化馆转型升级只是我们少数几个人的想法,那我们也转不了。现在的实际情况是,推动和实现文化馆转型升级是许多文化馆人的愿望,只是大家一时还没有找到突破口,没有找到转型的路径,没有找到转型的办法。因此,我们需要在这方面提供思考,提供借鉴,提供方法,提供路径。只要文化馆人共同思考,形成共识,共同努力,共同抓住目前文化馆事业发展的大好机遇,我们就一定能够实现由传统型文化馆向现代型文化馆转变。

**11.文化馆事业面临的问题**

这几年,文化馆事业有了很大发展,但同时也面临着不少问题。文化馆事业目前主要存在和面临这么一些问题。一是国家对文化馆事业发展的顶层设计不够,关于文化馆的政策、法规体系不健全。从文化馆机构体系的完整性上来讲,国家没有建立国家文化馆。从学科上来讲,国家没有建立起《文化馆学》。从规划上来讲,国家没有制定专门的《文化馆事业发展规划》。从法律上讲,国家也没有制定和出台《文化馆法》。二是一些地方党委政府对文化馆事业重视程度不够,没有纳入当地经济社会发展总体规划,没有摆在文化改革发展的重要位置,政府主导责任得不到落实,事业发展缺少长远规划。更有甚者,有些地方领导根本不拿文化馆当回事,随意拆除文化馆的设施,削减文化馆的编制、经费,随意往文化馆安插自己的亲戚、关系户,随意干预文化馆的内部管理和人事安排。三是文化馆基础仍然薄弱,设施落后、经费不足、适用资源不够丰富、人才匮乏的状况普遍存在。有的文化馆设施狭小、老旧,有的文化馆免费开放地方配套资金不到位，有的文化馆专业人才门类不齐全，有的文化馆已经20多年没进新人。全国还有67%的地市级文化馆不达标，27%的县级文化馆不达标。四是文化行政主管部门对文化馆行政干预太多，文化馆成为行政的附庸。五是文化馆创新意识还不够强，机制还不活，产品和服务还比较低端，缺乏丰厚的文化内涵，服务手段单一，服务效能不高。

在传统体制之下，政府是公共文化服务唯一的供给者。在基层，政府要为老百姓提供文化服务，主要依赖文化馆。那么，这就造成了文化馆完全听政府的，政府让干什么，就干什么，没有独立的意识，没有自己的思考。资金是政府安排的，活动是政府交办的，只要按照政府的意图完成工作就行，不用去考虑公共文化服务的成本，也不用去考虑公共文化活动的实际收益，也不用去考虑供给和需求是否有效对接。文化馆人工作的积极性、主动性、创造性很难得到激发。由于文化馆是在计划经济时代建立的，虽然现在已经转向市场经济体制了，但是由于文化体制改革滞后，因此，文化馆目前的管理体制很大程度上仍停留在计划经济时代，管理比较松散，文化馆人普遍作风比较散漫，文化馆人也没有把精力和才华都用到文化馆的工作和文化馆事业的发展中去，加之文化馆本身缺乏业务规范，那么一个文化馆到底该做什么，怎么做，做到什么程度，就变得没有标准。有的地方，文化局长不知道文化馆该干什么，文化馆长也不知道文化馆该干什么，于是，想怎么做就怎么做，做多少算多少。有的文化馆，其工作大多由馆长根据个人的理解和喜好而定。馆长是搞美术的，文化馆就重点搞美术。馆长是搞舞蹈的，文化馆就重点搞舞蹈，这使得文化馆不能全面地履行职能。文化馆的职能是有多个方面的，包括以文艺的形式弘扬社会主义核心价值体系；开展公益性文化艺术服务和社会艺术教育工作；辅导培训基层文化人员和文艺骨干；组织开展群众文化活动；组织创作生产和推广群众文艺作品及其他公共文化产品；组织开展相关文化理论研究；保护和利用非物质文化遗产；组织开展文化交流活动等。但事实上，很多文化馆都没能全面履行职能。开展相关文化理论研究是文化馆的一项重要工作，遗憾的是理论研究这一块，全国都非常薄弱。有些文化馆只重

关于建设现代型文化馆的谈话

视开展活动，压根儿就不重视理论研究，这对于文化馆而言，差不多是一种致命伤。理论研究是出思路、出思想的，理论应该是文化馆的灵魂，而恰恰是全国的文化馆普通缺少理论的支撑和支持。我们的省级文化馆和市级文化馆都设有调研部，但这个部门并没有很好地担负起理论研究的职责，发挥自己应该发挥的作用。第一批国家公共文化服务体系示范区创建，文化部要求示范区创建单位必须开展制度设计研究，按理说省级文化馆和创建示范区城市文化馆的调研部都应该介入到当地的公共文化服务体系制度设计研究当中来，但是很遗憾，我们大多数人没有进来。文化馆理论研究意识的淡薄，理论研究力量的薄弱，理论研究人才的匮乏，严重影响和制约了文化馆的发展，造成很多文化馆人说不清文化馆到底是干什么的，文化馆变成了单一的活动馆，培训馆，这就把文化馆的功能单一化了，把它的地位降低了，它的重要性以及存在的价值和意义也就弱化了，这是文化馆自身所存在的一个重要问题。从文化产品的供给方面来讲，由于诸多原因，文化馆所提供的公共文化产品单一化、同质化、粗陋化、粗浅化、低端化的问题也比较突出，这样一来和人民群众日益增长的精神文化需求就有了距离。

目前文化馆所存在的问题，既有国家层面顶层设计不足所带来的，有文化体制改革滞后所带来的，也有文化馆在长期计划经济体制下形成的习惯所带来的，还有文化馆自身发展意识不强、竞争意识不强所带来的。文化馆作为公共文化机构，其核心职能是向全体公民提供公共文化产品和服务，如果这些产品和服务不受老百姓欢迎，不被老百姓需要，那就会很糟糕。其实在整个文化馆由传统型文化馆向现代型文化馆转变的过程中，最终的落脚点就是要实现公共文化产品和服务的现代化，供给和人民群众的需求有效对接。只有产品和服务到位了，只有产品和服务是一流的，高品位的，高质量的，有吸引力的，有魅力的，符合群众需求的，符合时代需要的，文化馆才会焕发出新的生机和活力。此外，在现代科技日益发达的情况下，如何利用现代技术，实现公共文化服务手段和传播方式的现代化，也是文化馆必须要下工夫的。

## 12.免费开放给文化馆带来了生机和活力

这几年,国家所出台的一系列公共文化政策对文化馆产生了很大影响,特别是关于免费开放的政策,对文化馆的影响尤其大。

文化部、财政部关于进一步推进免费开放的政策文件我是直接参与制定的。免费开放的政策实施之后,的确是给文化馆带来了生机和活力。原来经费极其困难的文化馆因为有了免费开放的经费一下子能够把门打开了,原来免费开放程度不够的文化馆因为增加了免费开放的经费,免费开放服务

的项目增加了,免费开放服务的范围扩大了。还有许多文化馆在免费开放服务方面作了很多创新。比如,深圳市群众艺术馆共设置免费开放活动厅室达19个,馆内常设的群众性重点文化活动项目有公益培训、展览、讲座、艺术沙龙、周末剧场、共享工程等10多项,全年365天对外开放,每天开放时间12小时。他们还深入该市的社会福利院、敬老院、社区、特殊学校、市残疾儿童早期预防中心、戒毒所、劳教所等开展文化扶贫活动。

北京市西城区文化馆针对百姓免费开展公益演出、公益培训、公益讲座、公益展览、公益电影活动。江苏省南通市崇川区文化馆创意并实施"群文流动大讲坛"项目，讲座内容不仅有摄影、音乐、舞蹈、合唱等，还有集邮、收藏、瑜伽等。"群文流动大讲坛"不仅走进街道、走进社区，还深入到学校、企业、部队和机关，真正做到了把服务送到群众身边，将服务落到实处。安徽省芜湖市文化馆在馆中办了照相馆，免费为市民拍全家福。重庆市北碚区文化馆建设了数字文化馆，他们把文化资源和网站、数字教学培训中心、多媒体移动APP终端设备、科技体验厅等集合成文化馆数字新媒体服务方式，使群众更加便捷地获取和使用丰富的文化资源。免费开放总体上提升了文化馆的公益性形象，规范了文化馆的服务，提高了文化馆的服务效能。

免费开放已经快四年了，大多数文化馆做得较好，但也有少数文化馆对免费开放的重要性认识不够，免费开放服务做得不到位，走形式，敷衍了事。有的文化馆为免费开放而免费开放，简单地开放几个场地，设置几个一般性的项目，对开展免费开放服务没有长远的计划和打算。文化馆人一定要清楚，免费开放并不只是免费开门，免费提供场地也并不等于就是有了免费服务项目。文化馆免费开放不仅要提供阵地服务，还要提供流动服务和数字化服务。文化馆在提高设施利用率的同时，还要拓宽服务渠道，丰富服务手段，创新服务内容和服务形式，使文化馆所提供的公共文化产品和服务更好地满足人民群众基本文化需求。

目前，免费开放也出现了一些新的问题。一是免费开放经费仍嫌不足，特别是中西部有一些地区地方财政免费开放的配套资金没有到位，东部也有一些地区免费开放经费没有给足。有些地方甚至出现了因为中央财政对免费开放有资金补助而减少了地方财政对文化馆投入的状况。二是免费开放服务动力不足。免费开放增加了文化馆工作人员的工作量，但现在的财务制度不允许对加班人员发放加班费，这使得文化馆工作人员工作量增加了，工作时间延长了，却没能得到相应的回报，客观造成免费开放服务的积极性受到影响。三是免费开放服务的质量还不够高，还没有惠及全体人民。这些问题都是需要文化馆在下一步的免费开放工作中着力解决的。

免费开放对于文化馆很重要，我一直强调免费开放不是免费开门，免费开放服务并不意味着是低端的服务，是没有文化内涵、没有文化品位的服务。文化馆免费开放一定要精心设置服务项目，服务项目要强化贴近性、参与性、引导性、创新性。免费开放服务的项目要有基本服务项目，也要有非基本服务项目；要有普及性、常规性服务项目，也要有提升性、引领性服务项目；既要考虑到面向弱势群体和特殊人群提供服务，也要考虑到为社会中青年主流人群提供服务；既要利用文化馆自身力量提供服务，也要充分利用文化馆系统和社会力量提供服务。还要处理好免费开放服务和全面履行职能的关系。现在有些文化馆免费开放只为有文艺爱好的人服务，只为文艺团队服务，这是不够的。公共文化服务必须要以全体人民为服务对象，面对不同人群不同需求，提供贴合需求、高质量的服务。我们要克服文化馆目前存在的问题和不足，把文化馆的优势发挥到极致，使文化馆的效能得到更大的发挥。

### 13. 文化馆正在悄悄地发生着变化

近些年，文化馆人一直在致力于文化馆建设与服务的转型升级，文化馆也在悄悄地发生着变化。

从2005年中央提出构建公共文化服务体系以来，文化馆事业发生了许多可喜的变化。从大的方面来讲，一是文化馆整体向公益性回归，进一步明确文化馆为公益性文化单位，明确了其最大的职责和任务就是满足人民群众基本文化需求，保障人民群众基本文化权益。文化权益和政治权益、经济权益、社会权益一样，也是重要的人权，构建公共文化服务体系，目的就是保障文化人权。文化馆是代表政府来开展公共文化服务的，如果文化馆工作做得不好，也就意味着政府没有把公民的文化人权保障好，维护好。因此，文化馆的责任感、使命感加强了。这是一个非常大的变化。第二个变化，是文化馆的文化艺术氛围比过去浓郁了，服务意识增强了。过去文化馆存在着房屋出租的乱象，文化馆看上去比较杂乱，免费开放之后，环境得到了美化，增加了文化内容和文化内涵。过去的文化馆多多少少存在着机关化、衙门化的倾向，服务基层、服务群众的意识比较弱。现在，文化馆普遍把服务作为自己的核心任务。第三个变化，是文化馆的服务能力提升了。文化馆的服务内容、服务方式、服务手段日益丰富。尽管文化馆的数字化服务起步较迟，但这几年，文化馆在数字化服务方面发展很快，很多文化馆的网站办得很有特色。比如说宁波市文化馆网站，深圳市群众艺术馆网站，成都市文化馆网站，安徽省马鞍山市文化馆网站，这些网站都办得很不错，访问量都比较大。现在，好多文化馆都在加快数字化建设的步伐，张家港市文化馆拿出450平方米要建数字体验馆，宁波市文化馆也正在做数字体验馆，重庆市北碚区文化馆已经建成数字文化馆，各地文化馆的网站都相互链接，这些，都在总体上提升了文化馆数字化服务的水平。过去文化馆下乡服务是骑着自行车，现在是开着流动文化服务车和流动演出车。这些年，文化馆组织开展了难以计数的丰富多彩的群众文化活动，不仅利用传统节日开展活动，而且把活动常态化、机制化、体系化、品牌化。许多文化馆开展的活动一年都有上百场，甚至是好几百场。这些活动极大地丰富和活跃了城乡人民群众的文化生活。在文化部群星奖、创新奖等项目中，在国家公共文化服务体系示范项目当中，有很多是由文化馆创建的文化活动品牌，像江苏吴江的"区域文化联动"、宁夏银川的"踏歌起舞"文化工程等。各地文化馆还结合非物质文化遗产保护工作，积极把非物质文化遗产转化成公共文化产品，让非物质文化遗产活起来，融进人们今天的生活。文化馆在非物质文化遗产的普查、名目申报、传承人申报中和项目保护中都起到了极为重要的作用。文化馆通过建立非物质文化遗产展示厅，举办非物质文化遗产展示和传承活动，开展非物质文化遗产教学活动，利用非物质文化遗产作为元素创作新的文艺作品，促进了非物质文化遗产的传承和创新。文化馆在服务方式上也进行了创新。许多文化馆搞流动讲坛、流动展览、流动演出。文化馆开展联合服务的意识也比过去大大加强，过去的文化馆都是单打独斗，现在，组成了

各种各样的联盟。比如,宁波市文化馆联合区县文化馆组成了一个"群星展厅"联盟。还有不少地方在探索文化馆总分馆制建设,重庆市大渡口区文化馆、重庆市渝中区文化馆、浙江省海盐县文化馆、张家港市文化馆都在探索建立文化馆总分馆制。重庆市大渡口区文化馆总分馆制的做法主要是把总馆的业务干部派到分馆去担任业务副馆长,全权负责指导分馆开展文化工作。浙江海盐县文化馆总分馆制的做法,也是把总馆的业务骨干派到分馆去工作。张家港市文化馆总分馆体系是以行政区域为单位、以服务人口、服务半径、群众需求为依据规划建设的公共文化馆及其基层延伸服务体系。总分馆统一标识,从业人员统一培训,公共服务统一规范,群文活动统一规划,文化产品统一配送,数字服务统一平台。文化馆在免费开放服务项目上也有很多创新。四川省文化馆围绕理论研究、指导交流、培训辅导、组织创作、示范导向、整合交融等重要环节,以"内部协同紧密,资源互补,交融伴生,共同提高"为目的,加强了与全省各级文化馆的联动。他们还与当地媒体联合推出"巴蜀文艺讲堂"公益性文艺讲座，与四川省艺术摄影协会、成都新时光文化机构、成都影像艺术中心联合打造艺术摄影基地。成都市文化馆开展文化馆长当导游活动，领着老百姓走进文化场馆，走进非遗传承基地，体验文化服务，大大拉近了老百姓和文化馆的距离，增强了文化馆的吸引力。这些年，几乎所有的文化馆长都在努力完善文化馆的制度，努力在管理和机制上有所创新，以求更好地调动人的积极性，更好地提升文化馆的服务效能。"十一五"以来，特别是进入"十二五"以来，随着现代公共服务体系建设不停地推进，文化馆人的观念有了很大转变，文化馆顺应着改革发展的大势，也在悄悄地发生变革，已经开始由传统型文化馆向现代型文化馆转型。

　　文化馆转型升级也还面临一些难题。从政策层面看，一是国家对文化馆的顶层设计还不到位，不完善。《文化馆管理办法》至今还没有出台。

免费开放政策出台后，文化馆不仅仅要为社会提供完全免费的公共文化服务，还要为社会提供不以营利为目的的准公益性的文化产品和服务，那么，准公益性文化产品的收费标准，最终谁来认定，这是个问题。文化馆提供的不以营利为目的的准公益性的文化产品和服务类别极多，范围极广，层次极丰富，这对收费标准的制定也带来极大的难度。如果不容许文化馆提供准公益性产品和服务，无疑对文化馆极为不利，对群众也不利。如果因为文化馆有了收费项目，财政就减少对文化馆的投入，这显然就更不好。因此，如何既切实保证文化馆提供基本公共文化服务所需的经费，同时，又给文化馆提供不以营利为目的的公共文化产品和服务留下足够的空间，这是文化馆的事业发展目前迫切需要解决的问题。财政应该对文化馆给予更为完善的政策支持。从管理体制上来说，政府文化主管部门不能再把文化馆当成自己的附庸，或者一个工具。要确立文化馆独立的法人地位，不要对文化馆进行过多的干预，不要给文化馆下达过多的不恰当的指令性任务，特别是要减少随意性的任务。

  从文化馆自身的管理体制来看，怎么让管理制度、人事制度、分配制度、绩效考核制度，能够和构建现代公共文化服务体系相适应，和国家的政策法规相适应相符合，这也是需要进一步探索的。文化馆的人才队伍建设也是文化馆目前面临的重要问题。按照《事业单位人事管理条例》要求，现在事业单位是凡进必考，这对文化馆是好事。过去文化馆进人，大多是各种关系进来的。现在，必须通过考试才能进入，这就把一些没有实际才能的关系户挡在了外面。但是，目前的招考方式是公务员的招考方式，先笔试，再面试，这种招人方式，往往容易把文化馆所需要的专业人才挡在外面。所以文化馆的人事招考制度怎么能够更加适合文化馆人才建设的实际也是要考虑的。另外，实行绩效工资后，文化馆定编定岗，这为文化馆引进高级人才也带来了难度，因为高级人才是高职称，高职称人才进馆后，很可能没有高级职称的岗位可聘。要建设现代型文化馆，首先必须实现文化馆人才队伍的现代化。随着人民群众的文化需求越来越大，文化馆需要供给的产品和服务越来越丰富，如果文化馆的人才队伍建设跟不上，建设现代型文化馆就会成为一句空话。

## 谈话五：构建现代公共文化服务体系是文化馆转型升级的最好契机

**14. 构建现代公共文化服务体系对文化馆是机遇，也是挑战**

党的十八届三中全会提出构建现代公共文化服务体系，这对文化馆来说，既是新的机遇，也是新的挑战。

十八届三中全会要求构建现代公共文化服务体系。现代公共文化服务体系强调服务目标均等化、供给主体多元化、运行机制民主化、公共服务高效化、管理体系法治化，这对文化馆的建设和发展也提出了新的更高的要求。十八届三中全会要求"建立公共文化服务体系建设协调机制，统筹服务设施网络建设，促进基本公共文化服务标准化、均等化。建立群众评价和反馈机制，推动文化惠民项目与群众文化需求有效对接"。这就要求文化馆要根据当地基本公共文化服务保障标准和自身的职能确定自己的服务项目、服务内容和服务质量的标准，以及技术和管理等相关规范。要建立以需求为导向的公共文化服务提供机制，转变传统的自上而下的单一供给方式，建立健全自下而上的公共文化服务需求表达机制，根据群众实际需求提供公共文化服务。十八届三中全会要求"明确不同文化事业单位功能定位，建立法人治理结构，完善绩效考核机制。推动公共图书馆、博物馆、文化馆、科技馆等组建理事会，吸纳有关方面代表、专业人士、各界群众参与管理"。这就要求文化馆要贯彻开放透明的原则，强化社会公众对文化馆公共文化服务供给及运行的知情权、参与权和监督权，增加文化馆决策的透明度。通过建立和完善法人治理结构，明确文化馆各个利益相关者的权利、义务与责任，吸纳社会各界代表和群众广泛参与，构建起以公益目标为导向、内部激励机制完善、外部监管制度健全的治理结构和运行机制，实现决策、执行、监督三方的有效制衡，最终形成文化馆独立运作、自我发展、自我约束、自我管理的现代型文化馆运行新机制，不断提升文化馆公共文化服务的质量和绩效。十八届三中全会还要求"引入竞争机制，推动公共文化服务社会化发展。鼓励社会力量、社会资本参与公共文化服务体系建设，培育文化非营利组织"。党的十八届三中全会《决定》还指出："加大政府购买公共服务力度。""凡属事务性管理服务，原则上都要引入竞争机制，通过合同、委托等方式向社会购买。"这是什么意思呢？就是在传统体制中，政府是公共文化服务的唯一供给主体，而在现代公共文化服务体系里，政府依然负有提供公共文化服务的首要责任，但政府不再是公共文化服务的唯一供给主体，而是由政府、各类文化非营利组织和市场组织共同提供公共文化服务。这样一来也就意味着，将来的公共文化服务将形成多元参与、公平竞争的格局，文化馆必须发展自己，壮大自己，增强自己在市场中的竞争力。

公共文化服务社会化发展是个方向，因为只有推动公共文化服务社会化发展，才能增加全社会公共文化产品和服务的总量，提高全社会公共文化产品和服务的质量，才能促使公益性文化单位更好地提高服务质量和效益。但是，公共文化服务社会化发展必须健全现代公共文化服务的社会参与机制，建立政府和社会、市场之间的适度平衡和良性互动关系，使各类主体在竞争中共同发展，共同参与公共文化服务体系建设。公共文化服务社会化发展的前提是，文化馆作为现代公共文化服务体系的主力和骨干身份不变。政府应对文化馆给予更充分的设施、经费、人员等方面的保障。我反对在推动公共文化服务社会化发展之后，一些地方政府以此作为借口既不重视文化馆建设，又把文化馆甩在一旁不闻不问。当然，我也要提醒文化馆同仁，一定要充分认识公共文化服务社会化发展给文化馆所带来的新的挑战，一定要有危机意识。如果文化馆面对未来的竞争不作好充分的准备，不增强自己的竞争力，文化馆就会陷入新的困境，甚至可能是深渊。

## 谈话六：现代型文化馆建设

### 15. 现代型文化馆的设施应当有文化内涵

设施对于文化馆很重要。现代型文化馆必须要有现代化的设施。

文化馆首先是个文化设施，是人民群众接受文化艺术教育，开展文化活动的空间和场所。如果设施狭小、局促、简陋、破旧，就会失去对人民群众的吸引力。西方人建文化设施就很讲究，考虑坚牢，考虑美观，考虑有艺术韵味，考虑有文化内涵。西方人在中国建的教堂，只要至今还保留着的，依旧是一个地方重要的文化景观。2010年的上海世博会观众人数超过7200万，那么多人涌到世博会上看什么？主要是看各个国家所搞的国家馆，包括这些国家馆的造型。沙特馆等国家馆因为造型独特，吸引了无数观众。对于一个现代型文化馆而言，它的设施很重要。第一，它的外观一定要有吸引力。要能体现一个城市的文化特征、文化特质，要有文化感、艺术感，要有现代气息和精神气质，要和这个城市的整体气质、风貌、风格相吻合。不要搞怪异的建筑，不要搞中看不中用的建筑，不要搞不节约不环保的建筑。文化馆的建筑应该既传统又现代，既美观又实用，建筑本身就是文化，就是艺术，具有文化内涵、文化品位、文化魅力，让人们一看到这样的建筑就有走进去的冲动。第二，它的内部环境一定要整洁、美观、宜人。整体环境要优美整洁，色彩、色调要让人觉得温馨、亲切、舒服，小品、装饰要有艺术品位，细节、细部要有文化的味道、文化的气息和艺术的感觉，让人走进文化馆之后，觉得心里敞亮、舒展、温暖、惬意。第三，它的功能一定要现代。文化馆设施的内部功能一定要现代，要体现现代化、数字化的水平。

### 16. 现代型文化馆应该有高素质、专业化的人才队伍

文化馆的核心要素是人。文化馆的服务能力、服务水平、服务质量、服务效益，最终都落实在文化馆人的身上。要建设现代型文化馆，必须加

强文化馆的人才队伍建设。

一是要培养和造就文化馆领军人物。领军人物是一个行业中品德优秀、素养超群、思想领先、成就卓著,具有很高声誉和影响力的人士,是一个行业的形象代表和精神标杆。高层次领军人物处于人才的最顶层,在一个行业中起着重要的领头作用。一个行业的发展速度有多快,发展水平有多高,很大程度上取决和依赖于这个行业的领军人物。作为文化馆行业的高层次领军人物,起码应具备以下几个条件。一是熟悉、了解和热爱文化馆事业,有着高度的文化自觉、强烈的文化责任感和炽热的文化情怀。文化馆的高层次领军人物应对文化馆事业充满热情,对文化馆的来历、发展、特点、趋势、规律、地位和作用等有全面而深透的了解,对现代型文化馆的建设和发展有全面的思考、准确的把握,能够主动地把自己的生命融入到文化馆的事业当中,自觉地担负起引领文化馆事业发展的责任。二是具有开阔的文化视野、深厚的文化学养、深刻的文化思考,有超强的创新思维和创新精神。文化馆是公益性文化事业机构,是文化艺术的殿堂。

文化馆的高层次领军人物应是在社会上具有一定影响力的文化名人和文化学者，其艺术造诣、理论水平要具有一定的高度，特别是对文化馆有深入的研究，其思想和行为具有引领性，理论和实践能够不断创新，能够把文化馆事业不断引向新境界。三是具有良好的个人素质以及出色的工作能力，德才兼备，德艺双馨。文化馆的领军人物应具有高尚的道德情操和巨大的人格魅力，具有较高的专业素质和出色的工作能力，能够团结、影响和带动文化馆人为繁荣发展文化馆事业积极奋斗，不懈努力。文化馆的领军人物应具有自学能力、领悟能力、业务能力、沟通能力、协调能力、社交能力、指挥能力、整合能力、管理能力。要通过选优和配强各级文化馆馆长、举办文化馆高级人才研修班等方式，培养和造就文化馆领军人才。

二是要培养和造就高素质的专业人才。文化馆工作的专业性很强，必须要将文化馆的在职人员培养和造就成为高素质的专业人才，并鼓励和支持每个人通过自主学习掌握多项专业技能。要着重培养理论研究人才、创意策划人才、艺术创作人才、非遗保护人才、项目管理人才、设施运营人才。文化馆一方面要把适合做文化馆工作，有文化艺术才能和文化艺术理想抱负的人吸引到文化馆来，一方面要加强对现有人员的引导、教育和培训，使他们在工作中体会到成长的快乐、服务的快乐、奉献的快乐，体会到实现个人价值的满足感、尊严感。

三是要培养和造就高素质的文化团队及文化志愿者队伍。文化团队和文化志愿者是文化馆开展工作的重要力量。要结合开展免费文化艺术培训，发现文化艺术人才，发展文化志愿者，组建文化团队，并积极搭建平台，开辟通道，使他们能够参与到文化馆所开展的公共文化服务中来。

### 17. 现代型文化馆应当有完善的现代管理制度

全面深化改革的目标是推进国家治理体系和治理能力现代化。要建设现代型文化馆，必须要有一整套的制度做保障。

所谓治理体系就是一整套的政策制度文件，所谓治理能力就是对一整套制度文件的执行力。文化馆要按照十八届三中全会精神，按照建设现代型文化馆的要求，依据国家现在已经出台的各项新的政策制度文件，重新修订和完善文化馆的各项内部管理制度。要建立法人治理结构，完善绩效考核机制。有条件的文化馆要建立理事会。文化馆的内部管理和运行机制，一要有利于激发人的主动性、创造性，有利于调动职工的工作积极性；二要有利于解放文化生产力；三要有利于提高文化馆文化产品和文化服务的质量，提高文化馆的服务效能。这是制定文化馆各项制度的出发点和落脚点。

**18. 现代型文化馆应该有业务规范**

文化馆过去做工作一直缺乏标准和规范。现代型文化馆应建立起自己的业务规范。

建立《各级文化馆业务规范》非常重要。现在，很多地方，文化局长不知道文化馆该做什么，文化馆长也不知道文化馆该做什么，不同层级的文化馆往往做着同样的事情，业务功能上也没有区分。为了加强文化馆的管理，规范文化馆的业务，文化部目前正在积极组织制订《各级文化馆业务规范》。一旦《各级文化馆业务规范》出台，各级文化馆开展工作就有了标准，有了依据。

制订《各级文化馆业务规范》，其目的是为了规范各级文化馆的业务，促进各级文化馆全面履行职能，全面提高文化馆的服务效能。因为文化馆在中国的文化建设中地位和作用极其特殊，它既要满足人民群众不断增长的精神文化需求，保障人民群众的基本文化权益，同时，还要维护中国的文化生态，维护地方文化的多样性，促进草根文化的生长，延续中华文化传统和文化脉络，传播主流文化，创新发展现代文化，因此，制定《各级文化馆业务规范》，既要考虑到文化馆普遍的基础性的工作，也要考虑到文化馆地域性的创新性的工作；既要规范文化馆的主体工作，也要为文化馆创造性的工作留下空间；既要考虑到各个层级的文化馆共通性的工作，也要考虑到不同层级的文化馆个性化的工作。要强化上级文化馆对下级文化馆的业务指导、辅导，以及资源建设、活动开展、服务联动方面的统筹与协调。业务规范是明晰各级文化馆工作的内容，工作的程序，工作质和量的要求，而不是简单的框束，更不是框死。因此，业务规范最需要说清楚的是各级文化馆该做什么，做的时候该依照什么样的程序，最后该做到什么程度。文化馆目前普遍做的和做得比较好的工作是文化艺术普及、群众文艺创作、群众文化活动、文艺团队建设，不足的是文化理论研究、非遗保护、业务指导、人才队伍培训、资源建设、数字化服务、联合服务等。制定《各级文化馆业务规范》时，要特别注意这些薄弱环节，要针对这些薄弱环节提出具体、明晰的要求。除了业务规范，文化馆还应有服务标准等。

**19. 现代型文化馆的公共文化产品和服务应该更现代**

产品和服务是文化馆工作的内核。现代型文化馆的公共文化产品和服务应该更现代。

现代型文化馆应坚持以人民为中心的工作导向，坚持文化发展为了人民、文化发展依靠人民、文化发展成果由人民共享。尊重人民群众在文化建设中的主体地位，发挥人民群众在文化建设中的主体作用，引导群众在文化建设中自我表现、自我教育、自我服务。现代型文化馆所提供的公共文化产品和服务要更有文化内涵、文化品位和文化吸引力，要更加体现与群众需求的有效对接，更有利于丰富人民群众精神文化生活、密切社会公共交往、促进社会共识，更有利于培养现代公民、培育现代文化、培育核心价值观，更有利于提高全民族的科学文化素质和精神境界，提升全民族精神文化生活的质量，激发全民族的文化创造活力。在现代技术运用层面，文化馆要充分利用现代数字网络技术，推进数字文化馆建设和数字化公共文化服务，要建立文化馆数字公共文化服务平台、数字体验馆、特色资源数据库等，有效整合各类文化资源，提高文化馆公共文化服务的效能。

### 20. 现代型文化馆应该有自己的品牌

品牌是产品和服务的象征，品牌是形象，是号召力、影响力。文化馆这些年比较注重品牌建设。现代型文化馆要更加注重品牌建设。一是要积极打造文化馆的整体品牌。文化馆系统是一个整体。文化馆系统应该树立整体意识，合力打造文化馆的整体形象。单个的文化馆其力量是有限的，只有各级文化馆形成一个具有凝聚力和向心力的整体，文化馆才能形成巨大的合力，才能在社会上树立起自己的整体形象。文化馆要通过联合开展数字化服务、流动服务，包括举办中国文化馆年会，并充分利用平面媒体、网络媒体、自媒体进行宣传，来塑造文化馆行业的整体形象。二是要进一步打造馆办文化团队品牌。几乎每个文化馆都建有自己的馆办文化团队，文化馆要借助文化艺术培训和开展文化服务，更好地培育、打造和推出自己的馆办团队，使之成为品牌。三是要进一步打造文化馆免费开放项目品牌。要创新设置免费开放服务项目，使之更有特色，更有亮点，更受群众欢迎。四是要进一步打造群众文化活动品牌。不断创新活动形式、活动内容，不断扩大活动的参与面。五是要打造文化馆文化产品品牌。包括群众文艺作品、群众文化策划、群众文化理论研究、非遗保护成果等。六是文化馆个人品牌。文化馆专业技术人员在专业上所抵达的高度往往决定和影响着文化馆在专业上的高度。文化馆要积极推出在专业领域有影响力的个人，推出文化馆的大腕儿和名角儿，以此扩大文化馆在社会上的影响和知名度，提升自己的社会地位。

### 21. 现代型文化馆应该有更强的创新能力

文化的生命在于创新。现代型文化馆要不断强化创新意识，增强创新能力。

文化馆的体制机制要创新。文化馆要通过体制机制创新，完善法人治理结构，构建以公益目标为导向、内部激励机制完善、外部监管制度健全的规范合理的现代管理体制和运行机制，实现决策、管理、监督和保障的科学化、民主化和制度化、规范化，充分调动广大工作人员的积极性、主动性、创造性，真正激发文化馆的生机与活力，不断提高服务效能。文化馆的服务方式、服务手段、服务内容要不断创新；服务方式要更现代、更多样、更便捷、更灵活；服务手段要更新颖、更集约、更有创意；服务内容要更丰富，更有知识和文化含量，更有思想内涵和艺术品位，更接地气，更有吸引力和感召力，更贴近老百姓的心灵、情感、审美，更贴合广大人民群众的需求。

现代型文化馆一定是理念现代化，设施现代化，队伍现代化，管理现代化，产品现代化，服务现代化，效率现代化，发挥的功能和效益更大。

### 22. 文化馆人要为建设现代型文化馆共同努力

建设现代型文化馆是文化馆人共同的任务，文化馆也正面临着前所未有的好的发展时机。

日前成立的中国文化馆协会也给文化馆行业发展带来了利好消息。中国文化馆协会是由文化馆站、群众艺术馆、其他行业公共文化机构以及有相关经历的文化工作者等组成的全国性非营利社会组织，它将致力于服务文化馆相关机构及其工作者，引导文化馆事业科学发展。协会的成立将有利于凝聚和整合全国文化馆站的力量，发出行业的声音，发挥文化馆站在公共文化服务中的龙头作用，形成行业合力，发挥整体优势，担负起公共文化服务体系建设主力军的作用。今年12月，由文化部主办，中国文化馆协会、文化部全国公共文化发展中心和宁波市政府承办的2014中国文化馆年会将在浙江宁波召开，这也无疑将对中国文化馆事业发展起到极大的推动作用。

这几年，各级政府对文化馆的设施建设非常重视，各地新建了许多文化馆，国家也出台了《文化馆建设用地指标》和《文化馆建设标准》。现在，还有大量的文化馆新馆要建。这为现代型文化馆的建设在硬件上提供了一个非常好的支撑。国务院又新颁布了《事业单位管理条例》，这又为文化馆在进人、用人上，在内部机制的改革和完善上提供了重要支撑。《国家基本公共文化服务保障标准》也即将出台，《公共文化服务保障法（草案）》正在制订，未来政府对文化馆的保障力度也将更大。

总之，对于文化馆而言，现在是处于一个历史上最好的发展阶段，或者说是建设现代型文化馆最好的契机。推动文化馆转型升级，建设和构建现代公共文化服务体系相匹配，和建设社会主义文化强国相匹配，和保障人民群众的基本文化权益相匹配，和实现中国梦相匹配的现代型文化馆，是时代使然，历史使然，现实使然。万事俱备，只需全国文化馆的同行们共同思考，共同为之努力。

# 建设充满魅力的现代型文化馆
## ——宁波市文化馆的探索与实践

**背景资料：**

宁波市：简称"甬"。地处东南沿海，位于中国大陆海岸线中段，长江三角洲南翼。东有舟山群岛为天然屏障，北濒杭州湾，西接绍兴市的嵊州、新昌、上虞，南临三门湾，并与台州的三门、天台相连。宁波的历史可以上溯到7000年以前，河姆渡遗址的发掘，证明宁波是世界上最早种植水稻的地区之一。公元前2000多年的夏代，宁波的名称为"鄞"，春秋时为越国境地，秦时属会稽郡的鄞、鄮、句章三县，唐时称明州。公元821年，明州州治迁到三江口，并筑内城，标志着宁波建城之始。明洪武十四年（公元1381年），取"海定则波宁"之义，改称宁波，一直沿用至今。全市陆域总面积9714平方公里，其中市区面积为2456平方公里。全市海域总面积为8232.9平方公里，岸线总长为1594.4公里。全市共有大小岛屿614个，面积262.9平方公里。宁波辖海曙、江东、江北、镇海、北仑、鄞州6个区，宁海、象山2个县，慈溪、余姚、奉化3个县级市。共有77个镇、11个乡、64个街道办事处、663个社区和居民委员会、2556个村民委员会。截止2013年底，全市拥有户籍人口580.1万人。2013年全市实现地区生产总值7128.9亿元，市区居民人均可支配收入41729元，农村居民人均纯收入20534元，市区居民人均消费性支出24685元。宁波是副省级市、计划单列市，有制订地方性法规权限的较大的市，中国大陆综合竞争力前15强城市，长三角五大区域中心之一，长三角南翼经济中心，现代化国际港口城市，中国优秀旅游城市，连续三次蝉联"全国文明城市"称号。

宁波人文积淀丰厚，是国家历史文化名城。宁波精神是"诚信、务实、开放、创新"，城市口号是"书藏古今，港通天下"。宁波市树为樟树，市花为茶花。宁波市鄞州区为首批国家公共文化服务体系示范区。

宁波市文化馆：成立于1979年3月，是隶属于宁波市文化广电新闻出版局的公益性文化事业单位。1994年11月，与宁波市展览馆合并，实行一套班子，两块牌子。宁波市文化馆地处宁波最繁华的中心地段——药行街，与宁波商务中心圈天一广场毗邻，馆内设公共文化表演中心、公共文化视觉艺术中心、非物质文化遗产保护中心、公共文化信息中心、公共文化艺术培训中心、公共文化艺术展览中心、公共文化舞美中心和办公室等8个部门。现有在编人员53人，大专以上学历38人，专业人员46人，其中高级职称10人，中级职称17人，享受国务院特殊津贴1人。有中共党员38人。2000年起，作为宁波市文化系统综合试点单位，宁波市文化馆实行了内部用人制度、分配制度、考核制度等运行机制的全面改革，推出了"以馆长负责制为核心的管理机制，以岗位管理为核心的用人机制，以项目核准制为核心的投入机制和以绩效工资为核心的分配机制"，各项事业取得了长足发展，综合实力大幅跃升，并以雄厚的实力、先进的设备和良好的服务获得社会各界的肯定。曾获国家文化部、人事局颁发的全国文化工作先进集体、浙江省文化系统先进集体、市级文明单位等荣誉称号。2011年被国家文化部评为一级文化馆。

中国文化馆事业是随着共和国的建立而建立的。

伴随着共和国前进的脚步，中国文化馆事业已经走过了65年的历程。

65年来，全国各级文化馆和几代文化馆人为普及文化艺术知识，传承优秀传统文化，提高全民族的科学文化素质，丰富人民群众的精神文化生活，激发全民族的文化创造活力，推动经济社会发展，作出了巨大的努力，取得了辉煌的成绩。

65年中，中国文化馆事业有过波澜，有过起伏，也曾走过一段不平坦的路。"十一五"以来，特别是进入"十二五"以来，随着文化建设越来越受到各级党委政府的高度重视，文化馆事业发展迎来了前所未有的大好时机。

时至今日，中国文化馆事业又走到了一个关键节点。

为了全面建成小康社会，进而建成富强民主、文明、和谐的社会主义现代化国家、实现中华民族伟大复兴的中国梦，2013年11月，党的十八届三中全会以完善和发展中国特色社会主义制度，推进国家治理体系和治理能力现代化为总目标，作出了全面深化改革的决定，并对全面深化改革作出了全面部署。对于推进文化体制机制创新，《决定》明确要求"构建现代公共文化服务体系"。

现代公共文化服务体系是国家治理体系的组成部分，体现着国家公共文化治理体系和公共文化治理能力的现代化。文化馆是中国公共文化服务体系不可或缺的重要组成部分，是弘扬社会主义核心价值体系，建设社会主义文化强国的重要载体。要构建现代公共文化服务体系，更好地承担和履行满足人民群众基本文化需求，保障人民群众基本文化权益的职责，提高服务效能，文化馆必须由传统型文化馆向现代型文化馆转变。

按照构建现代公共文化服务体系要求，着力构建与建设文化强国和构建现代公共文化服务体系相匹配的现代型文化馆，成为摆在中国各级文化馆和所有文化馆人面前的一个重大课题。

宁波市文化馆作为一个处于东部经济发达地区的副省级城市的文化馆，从进入21世纪以来，一直坚持以改革为动力，推动文化馆的建设和发展。而近几年，更是借助公共文化服务体系建设飞速发展的强劲势头，不断加大改革和创新力度，自觉地推动文化馆管理、产品与服务转型升级，在建设现代型文化馆方面作出了极为可贵的探索和实践。

## 从改革入手，推动文化馆由传统型向现代型转变

文化馆是在计划经济时代建立的。随着改革开放的不断深入，国家的经济体制已经由计划经济转变为市场经济，但是，由于文化体制改革整体滞后，全国大多数文化馆的体制机制在很大程度上依然停留在计划经济时代，大多数文化馆的理念、产品、服务也都还停留在过去计划经济时代那样一种传统状态。文化馆普遍缺乏竞争意识，工作缺乏标准和规范，内部管理机制落后，作风散漫，服务意识不强，服务动力不足，服务能力不高，服务手段落后，产品和服务单一、陈旧、低端，过于意识形态化，缺乏文化内涵。

要推动文化馆由传统型向现代型转变，必须从改革体制机制入手。

宁波市文化馆的文化体制改革工作始于2000年。在这10多年中，他们一直根据中央精神和文化馆事业发展需要，持续不断地推进改革。在深入学习中央关于文化体制改革的精神基础上，他们吸收采纳各地文化馆改革的先进经验，结合自身实际，制定了宁波市文化馆《机构设置及工作职

责》、《人员聘用制度试行办法》、《中层干部竞聘上岗（选拔任用）及管理办法》、《考核工作实施办法》、《岗位考核年度加分项目评定办法》、《项目奖励标准暂行办法》，并对《分配制度改革实施办法》、《职工年休假制度》、《内部财务管理制度》等进行了修订和完善。宁波市文化馆实施的具体改革涉及机构调整、干部任用、人员聘用、分配改革、绩效考评和科学管理六个方面。在改革的过程中，他们以建设现代型文化馆，提高文化馆的服务效能为目标，把激发广大干部职工的积极性、主动性和创造性作为出发点和落脚点。在机构设置上，力求和全面履行副省级城市文化馆的职能相吻合，和建设现代型文化馆相匹配，和保障人民群众基本文化权益、满足人民群众日益增长的精神文化需求、推动社会主义文化大发展大繁荣相适应。在管理和运行机制上，力求和文化馆的工作性质、工作特点相适应，和文化馆事业发展的需要相适应，和文化馆的现代化建设相配套。在岗位设置上，既严格按照《事业单位岗位设置管理试行办法》，根据文化馆的社会功能、职责任务和工作需要设置工作岗位，同时，也根据文化馆人员的实际情况，设立了产业岗、文化拓展岗，让文化馆人员人尽其才。在分配制度上，细化了项目奖励的标准，把专业成果奖范围由原来以表演艺术为主扩大到全馆各个艺术门类，增加了自筹活动（项目）经费奖励。在考核上，强化对部室工作的考核，对专业部室采用目标考核制，对经营部门实行经济责任制。对职工岗位考核也各有侧重，对专业技术岗位人员的考核注重业务工作、专业水平和实际贡献；对行政后勤人员的考核注重服务质量、服务水平、服务态度；对培训岗位的考核注重培训人次、培训水平和培训效果；对经营部门岗位的考核注重经营业绩和服务质量。在改革中，宁波市文化馆十分重视民主决策和民主监督，努力做到"听证于民，决策利民"，把改革的选择权交给群众，以民心为标准，凭民意定取舍。所有涉及深化改革的方案都要经过馆领导班子讨论初稿，面向中层干部、广大职工征求意见，领导班子修改后再征求意见，几上几下，反复修改完善。为了增强干部职工的认同感和参与意识，在方案递交职工代表大会前，均专门设立听证会制度。所有深化改革的方案由职工代表大会审议通过后，均在政务公开栏公示，保证职工的知情权、参与权和监督权。改革方案一经出台，即严格执行。在中层干部公开竞聘（选拔任用）中，宁波市文化馆按照公布选拔岗位、民主推荐（个人自荐）、资格审查、竞岗演说、民主测评、组织考察、馆党总支讨论决定、任前公示、聘任程序严格执行，切实保障全体职工的选举权和监督权。在职工岗位聘用过程中，他们首先公布岗位说明，先由部主任选择所兼专业岗位，并与馆长签订岗位协议，再由职工根据岗位要求和岗位职责与部室主任双向洽谈，由部主任上报分管领导后确定岗位人员。当岗位产生竞争时，召开岗位竞聘会，由岗位竞聘评议小组决定该岗位聘任人员，并进行公示，最后再签订岗位聘用协议，整个程序充分体现"公平、公正、竞争、择优"原则。

经过多年的实践，宁波市文化馆已经建立起了以馆长负责制为核心的管理体制，以岗位管理制为核心的用人机制，以项目核准制为核心的投入机制和以绩效工资为核心的分配机制。为了进一步以改革为动力，推动现代型文化馆建设，2014年3月，宁波市文化馆又按照党的十八届三中全会精神，出台了《宁波市文化馆（2014—2015）深化改革方案》。这一轮改革更加注重改革的系统性、整体性、协同性，旨在进一步破除各种体制和机制弊端，更好地激发全馆活力，凝聚全馆力量，实现文化奋进，找到自身发展质量、发展效益和发展效率的升级点，实现自身的不断完善、不断超越。《改革方案》分为"队伍建设"、"目标和任务"、"内设机构与岗位设置"、"配套机制"四个部分。在"队伍建设"方面，强调建设现代型文化馆，人才是关键。要尊重、培养和关爱人才，激活文化馆人的潜能，充分调动和发挥人的积极性、主动性、能动性，营造良好的工作环境，创造发展空间和平台，努力做到人尽其才，才尽其用，锻造一支团结协作、敢于担当、激情奋进、乐于奉献的文化馆团队。在"目标和任务"方面，《改革方案》明确了文化馆在现代公共文化服务体系建设背景下的功能定位，以"整合、规范、创新、提升"为基调，以"提升文化馆公共文化服务力、生产力，提升市民审美素养、城市文化品位"为目标，以文化馆"数字化、品牌化、网络化、标准化、社会化"建设为抓手，推动文化馆事业发展，逐步确立文化馆在现代公共文化服务体系建设中的主力军地位。在"内设机构与岗位设置"方面，《改革方案》提出建立符合新型用人制度和分配制度要求的科学组织体系，形成办事高效、运转协调、行为规范的管理运行机制，将文化馆内设机构定为八大中心，即公共文化信息服务中心、公共文化表演艺术中心、公共文化视觉艺术中心、公共文化艺术培训（社会文化服务）中心、公共文化艺术展览中心、公共文化舞美中心、非物质文化遗产保护中心、办公室。公共文化信息服务中心的主要职责是：开展群众文化调研、信息、宣传工作；利用自媒体和数字化平台，提供公共文化服务。公共文化表演艺术中心的主要职责是：开展表演类群众文艺创作和基层文艺辅导；承办表演类文化活动；提高专业人员在专业领域的影响力和号召力；打造和运营品牌项目（活动）；规范化建设业余文艺社团。公共文化视觉艺术中心的主要职责是：开展视觉类艺术创作和特色基地建设；承办视觉类艺术活动；运行"群星展厅"；提高专业人员在专业领域的影响力和号召力；强化品牌项目（活动）运营深度，不断扩展品牌项目的知名度和影响力；扩展视觉艺术服务范畴。公共文化艺术培训（社会文化服务）中心的主要职责是：做好"群星课堂"和社会艺术培训工作；提升专业授课人员和管理人员的服务能力，提升其在艺术培训领域的影响力和号召力；学习、研究艺术培训规律，培育和形成独具特色的艺术培训品牌；集聚社会资源，探索文化项目（活动）的社会共建共享模式。公共文化艺术展览中心的主要职责是：完成年度经济指标量，保持展览服务、展览项目承接等工作的先进性；提升设计、创意、销售、管理等专业人员的服务能力，提升其在市级展览服务领域的影响力和号召力；提升项目承接管理能力，逐渐形成以企业运行管理标准衡量项目的运行成效；探索公益背景下117艺术中心运营新模式。公共文化舞美中心的主要职责是：完成年度经济指标，保持舞美服务、固定资产保值升值、舞美项目承接等工作的先进性；提升设计、创意、销售、制作、操控、管理等专业人员的服务能力，提升其在舞美服务领域的影响力和号召力；提升项目承接管理能力，逐渐形成以企业运行管理标准衡量项目的运行成效；探索公益背景下群星舞美中心产业化运作，多途径拓展舞美中心的市场占有率。非物质文化遗产保护中心的主要职责是：保持非遗传承、保护工作模式、活动、服务、管理等工作的先进性；提升非遗研究、指导、管理等专业人员的服务能力，提升其在专业领域的影响力和权威性；提升品牌项

目（活动）的示范性，深化品牌项目（活动）内涵；成立非遗保护协会，引入社会力量推动非遗保护、传承发展；探索非遗保护体系化建设的抓手和途径，创建新的全国领先模式。办公室的主要职责是：保持人事、财物管理、综合服务保障等工作的先进性；强化服务及管理工作的主动性、规范性；探索文化馆管理、服务的标准化建设。在"配套机制"方面，《改革方案》明确将实行《项目申报责任制》、《重点工作督导制》、《工作效能评价制》、《绩效奖励分配制》、《人才（项目）激励基金》。这一轮的改革旨在进一步加强服务意识，激发创造热情，优化资源配置，创新服务手段，拓展服务领域，提高服务效能。

全面深入地推进改革，促进了文化馆人理念的转变，建立了新的管理体制和运行机制，进一步明确了文化馆的定位，确立了文化馆的发展方向和发展目标，为建设现代型文化馆注入了强大的动力。

## 以免费开放为牵引，全面提升文化馆的文化内涵和文化品位

文化馆是公益性文化机构，也是人民群众接受文化艺术教育的殿堂和开展文化活动的重要场所。向人民群众提供免费或优惠的基本公共文化服务，是文化馆的重要职责。

免费开放不是免费开门。免费服务也并不意味着是低端的没有品质的服务。文化馆所提供的免费或优惠的基本公共文化服务，最低层面是满足人民群众的基本文化需求，而上升一个层面，就是要提高人民群众的文化艺术素质，再上升一个层面，则是要提升人民群众的精神境界，激发人民群众的文化创造活力。文化馆的核心价值是传承传统文化，创新现代文化，引领时代风尚，繁荣文化生活。作为文化的载体和文化的引领者、传播者、创造者，文化馆理所当然地应该具有文化内涵、文化品位。文化馆和文化馆所提供的产品与服务也只有具有了一定的文化内涵和文化品位，才能对人民群众构成魅力和吸引。

为了改变传统型文化馆所提供的产品与服务文化内涵缺乏、文化品位较低、缺乏吸引力的状况，宁波市文化馆以深入推进免费开放为牵引，全面提升文化馆的文化内涵、文化品位。

在设施方面，尽管宁波市文化馆的建筑不新，硬件条件也不够好，但是，他们对文化馆的外部环境和内部环境均作了改造和美化，增加了文化的内容，增添了浓郁的文化艺术气息。他们收回了临街原来用于商业经营的门面房，经过装修改造，建成了现代艺术感极强的"117艺术中心"。在公共文化产品生产方面，宁波市文化馆把人民满意作为最高标准，把服务群众作为创作的基点和归宿。在创作文艺作品时，从情感出发，而不是从口号出发；从生活出发，而不是从概念出发。努力从传统文化中汲取创作的营养，从人民群众的伟大实践中寻找创作的素材，使所创作的作品做到思想性和艺术性的完美结合，成为贴近实际、贴近生活、贴近群众的艺术佳作。近年，他们先后创作辅导了舞蹈《鄞溪渔鼓》、舞蹈《青青竹儿》、男声表演唱《老墙门》、曲艺宁波走书《兵站故事》、音乐作品《南腔北调都是歌》、音乐作品《小巷总理》、音乐作品《早春的脚步》、戏剧小品《文件夹》、曲艺唱新闻《长年葱》等一批荣获全国"群星奖"的作品。在免费开放服务方面，他们对宁波市群众文化生活需求作了全面、深入、细致的调查，所设置的免费开放服务项目以公益性、基本性、均等性、便利性、贴近性、参与性、引导性、创新性为原则，力求做到新颖、独特、益智、有趣，贴近宁波的文化传统，贴近老百姓的文化需求，让人民群众乐于接受、乐于参与。文化馆的服务主要是人对人的服务，文化馆人也应该具有文化内涵。为了提升文化馆人自身的素质和文化内涵，宁波市文化馆加强职工的学习，不断拓宽职工的文化艺术视野，丰富文化艺术知识，提升思想、艺术和人格境界。

在免费开放服务的项目上，宁波市文化馆着重打造"群星系列"，即"群星课堂"、"群星舞台"、"群星展厅"。

2007年，宁波市文化馆在开展"零门槛"文艺培训的基础上，推出了"群星课堂"这一免费文艺培训项目。"群星课堂"以"面向基层、面向

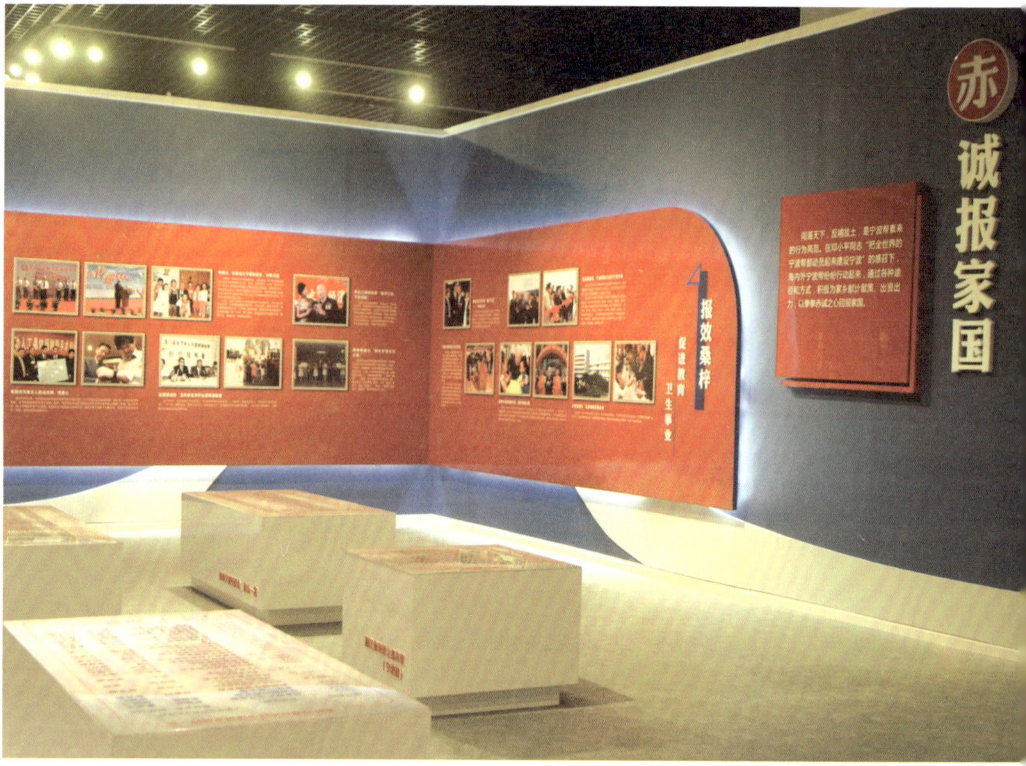
赤
诚报家国
报效桑梓
促进教育
卫生事业

星
群星展厅
2008-2012
星人物

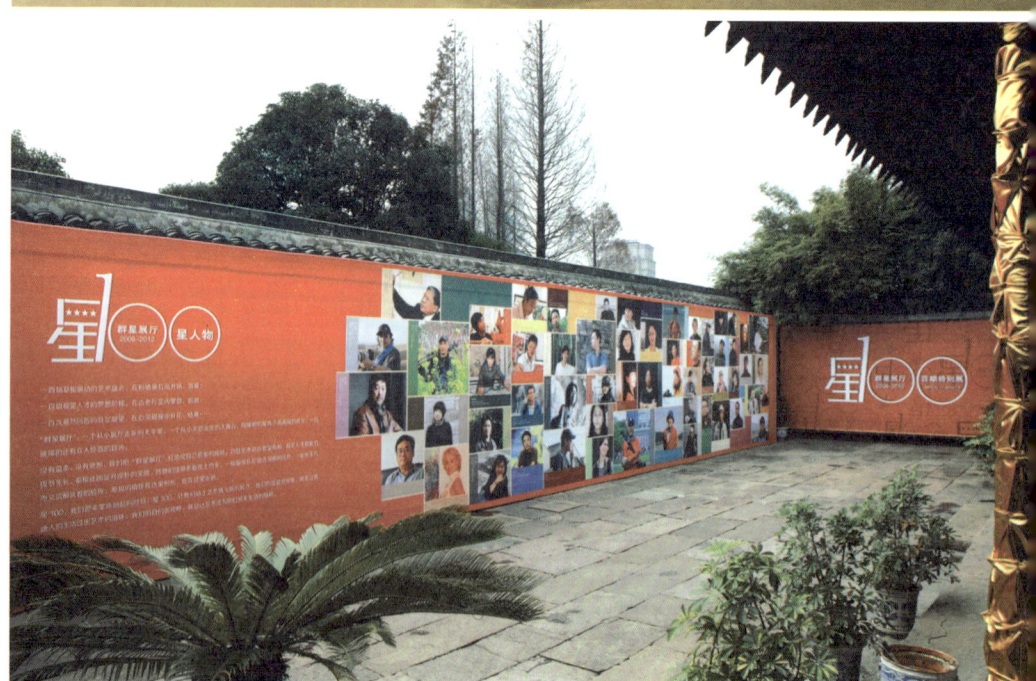

群众、文化惠民"为宗旨，针对社会不同层次、不同年龄的群众对文化的多样性需求，采用文艺普及与特色培训相结合、市馆和梅墟分点相结合、市馆和各县（市）区馆联动的形式，为馆办文艺团队、社会文艺团队、社会文化骨干和广大市民提供免费文艺培训服务。"群星课堂"还不断延伸培训触角，拓展培训对象范围，把课堂办到企业、社区、外来务工人员聚居地、民工子弟学校，让群众在家门口就能享受到免费的文艺培训服务。截至2013年12月，"群星课堂"共举办公益文化培训982班（次），其中本部阵地与"1+1"基层文化团队448场，梅墟分点128场，基层、基地52场，社区10场，企业18场，社团320场，全市文化员培训6场，参与群众达到了29000余人次。

"群星课堂"虽然是免费的，但是，宁波市文化馆却依靠注入和提升文化内涵，把免费培训做出了特色，做出了品位，做出了品质，受到了市民的广泛欢迎。

一是培养和聚集起一支优质师资团队。要做好艺术培训，关键在于师资。宁波市文化馆一方面以本馆各艺术门类专业干部为基础，同时，积极搜寻和遴选艺术培训市场上的优秀教师，借助各类群众文化赛事活动，将其纳入"群星课堂"的师资队伍中来。在合作方式上，除了固定的签约教师外，还根据"群星课堂"每季所推出的特色课程，灵活地聘请与特色课程相关的专业老师。"群星课堂"老师的专业几乎涵盖了所有艺术门类，而且老师都是宁波市本艺术专业领域的佼佼者。这些老师都既有教学理论又富有教学经验。二是精心设置培训课程。"群星课堂"除了开设民族舞、古典舞、广场舞、独唱、合唱、越剧、京剧、书法、国画等课程外，还根据市民需要，开设特色化和个性化课程，并设置套餐供市民选择。他们先后推出了"少儿专业芭蕾、青年形体芭蕾和百姓健康舞"三个舞蹈培训套餐和包括现代舞、莎莎舞、肚皮舞、动感拉丁、少儿街舞、修身健美操、快乐打击乐等在内的欢快组合套餐，以及专门为幼儿园小朋友创设的"童声童趣"特色班。三是把培训和团队培育有机结合。"群星课堂"在基层设立辅导基地，把文艺培训和孵化、培育社区（村）文艺团队有机结合。他们还将选择的主动权交给基层团队,由团队根据自己的需求,从网上公开的专家资源库中选择老师,进行培训。四是为有继续深造需求的学员提供专业的指导和规划。"群星课堂"的老师会根据学员们的自身条件和特长,为他们未来的艺术成长制定个性化的"艺术规划"。五是让"群星课堂"的内容更广博、形式更开放。"群星讲堂"不仅开设文艺培训课程,还开设传统文化等讲座。"孔子与古琴"讲座,主讲人讲到兴奋处,亲自操琴演奏古琴曲,让人们一起聆听了穿越三千年时空的琴声雅乐。"家居与养生"讲座,引导人们领略了居家养生的周易国学。"中国孝文化"讲座,让人们接受了一次优秀传统文化的熏陶。"美丽的邂逅:城市与诗歌"讲座则让人们感受到了当代艺术的魅力。"群星课堂"还与文化广场大剧院"甬城保利大讲堂"合作举办了2014艺术大师班,首场讲座为"走进芭蕾",主讲人为中央芭蕾舞团团长、艺术总监、国家一级演员冯英,高端而生动的公益讲座为甬城芭蕾爱好者带来了高端的艺术享受。

"群星展厅"是宁波市文化馆2008年7月起推出的免费开放服务项

目。"群星展厅"实行双向免费：免费为草根艺术家策展、布展、办展，免费全年对公众开放。同样是因为追求有文化内涵、文化品位，"群星展厅"以其鲜明的展览主题、灵活的展览形式、丰富的展览内容受到老百姓的热捧，被甬城百姓亲切地称为"百姓美术馆"。到目前为止，"群星展厅"已举办各类展览近百期，观众达30余万人次，收到观众现场留言5000余条。《中国文化报》、《美术报》、《书法报》、《书法导报》、《宁波日报》、《宁波晚报》、宁波电视台等多家媒体进行了专题报道。

"群星展厅"能够产生广泛的影响，收到良好的社会效益，是因为其定位准确，服务手段新颖。一是搭建百姓艺术亮相的平台。作为面向市民免费开放、展示百姓艺术的窗口，"群星展厅"以创新公益服务为宗旨、以展览活动为载体，生动实践着"我的展厅我做主"的口号，既让百姓真正享受到免费的文化服务，又让老百姓成为公共文化的主体，使他们能够最大限度地展现自己。为了让普通民众以主人的姿态参与展厅的各项活动，满足不同职业、不同年龄群众的多样化需求，"群星展厅"量身制作

了一批不同艺术形式和风格的展览,如"王爱国根雕艺术展"、"杨明明工笔画作品展"、"陆开冲、施建华农民画展"、"徐敏杰麦秸画作品展"、"王文佳漆画展"等展览,不但为多年在民间艺术领域默默耕耘而又无力办展的"草根艺术家"无偿提供了展示的平台,也为市民了解宁波本地深厚的文化底蕴和丰富的文化创造提供了方便。此外,为了让更多的普通百姓能够参与到"群星展厅"活动中来,宁波市文化馆非常注重"群星展厅"与百姓的互动,他们通过媒体面向全市征集百姓艺术,并做好登记、联系及反馈等相关工作,并在展览形式、评选方式上尽可能地为百姓创造文化共享的机会。如牛年伊始举办的"看谁最'牛'——2009宁波市'百牛迎春'绘画大赛",在群众中征集作品500余幅,这些作品来自社会的各个层面,有老人,有孩子,有普通农家妇女,也有风华正茂的学生。活动征集作品在网站同时展出,并由网民进行投票,其中金奖作品的网络最高点击量达21万多,真正体现了"百姓展览、百姓作品、百姓评选"的活动宗旨。二是打造视觉人才推介的空间。出作品、推新人,是公益性文化单位的任务之一。"群星展厅"在挖掘、推介、扶持视觉艺术人才方面做了大量工作,使宁波群众视觉艺术界普通的"星星"闪烁出耀眼的光芒。"群星展厅"举办的"农民艺术之星系列作品展"、"视觉新锐系列作品展"、"女艺术家系列作品展"、"企业艺术系列展"等活动,成功地推介了一批视觉艺术人才。"视觉新锐"系列展是"群星展厅"专为青年艺术家而策划的展览,至今已举办4期,共为16位有潜质的中青年艺术家进行了推介,受到社会的关注。如工笔画爱好者杨明明原是象山县一名淳朴的农家妇女,8年前开始倾心于三矾九染的花鸟画。当她的作品出现在"群星展厅"时,引起了不小的轰动,她也由此成为远近闻名的农民"艺术之星"。"群星展厅"还与宁波日报社、宁波晚报社等多家媒体合作,分别在《宁波日报》、《宁波晚报》、《东南商报》、《广播电视周报》上推出专版的"群星展厅"视觉艺术作品及个人专访,并通过电视台的专题《视点》节目,使全市的老百姓都来了解和关心身边的"明星"。在举办《心影之路——龚爱茹摄影作品展》、《城市边缘——

沈一鸣都市系列摄影展》、《赏心·心赏——吴昌卿国画小品展》、《意趣盎然——林绍灵油画江南》、《艺术有约——画坛群英会》、《与春共晤——甬上国画家作品展》等名家名作展的同时，还举办了现场交流活动和创作座谈会，不但提高了群众的艺术鉴赏水平，也使百姓与名家有了面对面的交流探讨机会。三是提供草根社团的展示窗口。"群星展厅"围绕服务基层，重心下移，不断创新的工作方式，为推介草根社团不遗余力。"群星展厅"非常注重对视觉艺术民间社团的扶持和培养。他们结合"特色基层辅导示范点"工作，加大对余姚、慈溪、奉化、象山等地的18家基层文化示范点当地群众的书法、美术、摄影等方面创作辅导力度，鼓励其出作品、出成果，并通过"群星展厅"进行成果展示，很好地实现了由"送文化"到"种文化"的转变。他们已成功举办了慈溪市掌起镇"掌起书画协会"的"笔墨染创业"创作成果展以及余姚市印泉书画协会的"临山风"书画作品展示，有力地扩大了草根社团的影响力。"群星展厅"热诚的服务态度、严谨的工作作风也赢得了社会其他草根社团的青睐，如镇海俞范社区的书画作品在展厅展出，宁波市一些书法爱好者通过网络组建起来的书法骨干团队在展厅举办了"第二届'春之韵'甬上实力书家书法作品展"，外来民工子弟学校学生的艺术作品也在展厅集体亮相。四是延伸服务链条。"群星展厅"十分注重服务的延伸，其多次将展览展示活动就放在社区、乡村和厂矿企业。先后在镇海、北仑和海曙等地举办"开门见艺"——"群星展厅"走进社区巡展；在浙江造船厂、北仑钢铁厂等地举办"新宁波人视觉艺术大展"；策划推出以民营企业家和企业书画、摄影爱好者为主体的系列视觉艺术展览，以及"心随鹭舞"——电力工人胡卫国野生鹭鸟摄影作品展、宁波市劳动保障系统摄影作品展、宁波市企业家摄影优秀作品展等，展览充分挖掘和展示了宁波现代儒商文化和"兼容并蓄、善于开拓"的创业精神。同时，"群星展厅"还在宁波群艺网上开辟了视觉栏目，让市民能够足不出户就参与到自己喜爱的视觉艺术活动中来。加之组织市民艺术爱好者俱乐部，建立展讯短信平台、QQ群等，都使展览的效应得到了放大，有力地激发了许多有艺术才华的普通市民参与创作与展示的积极性。如今，"群星展厅"已形成了常设展与巡展结合、实体与网络同步、名家与草根齐聚、鉴赏与交流并举的多样化格局。为了使"群星展厅"更有文化内涵、文化品位、文化魅力，2014年5月，宁波市文化馆又将"群星课堂"和"群星展厅"两个免费开放服务项目进行了巧妙对接。他们先是利用"群星课堂"以"高端、潜质、精英"为目标人群举办"名师专修班"，聘请宁波市知名书法家胡朝霞女士和著名水彩画家林绍灵先生担任主讲老师，然后，他们又利用"群星展厅"举办了"名师专修班"成果汇报系列展："大风歌——胡朝霞师生书法展"和"春暖花开——林绍灵师生水彩画展"。高端的艺术培训和高端的艺术展览使得文化馆不仅成为普通百姓的艺术乐园，也成为精英人才的艺术家园。

2013年，宁波市文化馆以"群星展厅"为龙头，成立了公益展厅联盟，宁波文化馆群星展厅、镇海文化馆展厅、北仑文化馆展厅、象山文化馆展厅、梅墟文化中心展厅、江北文化馆展厅、余姚文化馆展厅、慈溪文化馆展厅成为首批联盟成员。公益展厅联盟的成立，带动了市、（县）区文化单位现有的公益展馆及社会民间美术馆等展示场所联合开展服务，使全市视觉艺术资源得到更好的整合，视觉艺术服务产生出更大的效益。2013年，展厅联盟共举办展览102个，象山文化馆展厅、江北文化馆展厅还举行了跨年度的视觉艺术交流系列展，全面展示了两地美术、书法、摄影基层团队的艺术成果。"群星展厅"的效应随着联盟成员的不断扩展还将不断放大。

"群星舞台"是宁波市文化馆为有舞台梦想、有演艺才华的市民打造的百姓舞台。宁波市文化馆于2009年、2010年连续两年联合宁波媒体举办了"我是明星"超级演艺选秀活动，在历时两个月的活动中，每次都有数千名群众热情参与，不仅给怀揣梦想的新老宁波人提供了圆梦的机会，还让市民享受到了一场场丰盛的"文艺大餐"。为了更好地帮助百姓圆"明星梦"，2009年，宁波市文化馆对设施进行了全面改造升级，增设了"群星舞台"。"群星舞台"对培育百姓明星和群众文艺团队起到了"孵化器"的作用，被百姓誉为宁波的"星光大道"。

宁波市文化馆"群星系列"实现了免费开放服务项目的品质化和品牌化，大大提升了文化馆的文化内涵和文化品位，拓宽了文化馆的服务渠道，扩大了文化馆的服务范围，提高了文化馆的吸引力和影响力。

## 以品牌活动为载体，使文化传承与文化创造相贯通

文化馆的核心使命是传承优秀传统文化，发展和创新现代文化。

宁波市文化馆以品牌活动为载体，使文化传承与文化创造相衔接、相贯通。

"阿拉非遗汇"是宁波市文化馆重点打造的一项新的品牌活动。非物质文化遗产是各族人民世代相传并视为其文化遗产组成部分的各种传统文化表现形式，以及与传统文化表现形式相关的实物和场所。非物质文化遗产的形态和类型非常丰富，外延和范围非常宽广，内涵和内蕴非常深厚。它是民族精神文化的重要标识和集中反映，内含着一个民族赖以存在和发展的特有的生存方式、生活智慧、思维方式、想象力和文化意识，承载着一个国家一个民族文化生命的密码。它是民族文化的精华、民族智慧的象征、民族精神的结晶，是人民生命创造力的高度体现。"阿拉非遗汇"以"亲近、传承、共享"为主旨，通过对非物质文化遗产的展示、宣传、教育，引导人们体验和感受非物质文化遗产的魅力，激发人们对传统文化的尊重、热爱以及文化传承和文化创新的自觉。"阿拉非遗汇"已经举办了两届。2012年举办的首届"阿拉非遗汇"设置了"手艺中国——中华老字号展示"、"薪火相传——优秀非遗项目展示"、"古今风韵——优秀非遗项目展演"、"非遗小卫士才艺大赛"等项目。"阿拉非遗汇"举办期间，来自杭州、湖州、温州、金华等地的近30项中华老字号和宁波市近40项优秀非遗项目进行了展示，中国传统蚕桑丝织技艺的保护单位杭州福兴丝绸厂将一架3米长的杭罗织造机搬到了非遗汇现场，令宁波观众大开眼界。宁波汤团制作技艺的保护单位则推出了汤团免费品尝活动，引来众人

争相排队一尝美味。首届"阿拉非遗汇"共吸引了2.5万余名群众的热情参与。第二届"阿拉非遗汇"设置了"四明情韵——优秀非遗项目展演"、"薪火相传——优秀非遗项目展示"、"越风清韵——越剧折子戏专场"、"梨园雅韵——传统戏曲折子戏"等项目。第二届"阿拉非遗汇"举办期间,宁波市优秀的非遗项目奉化布龙、跑马灯、姚剧、渔歌及传统武术等8个项目在开幕式上进行了表演。"薪火相传——优秀非遗项目展示"设立了百年老字号、传统女红、中华手艺、地方小吃四大主题展示区,10个国家级非遗项目以及受市民喜爱的本地非遗老字号项目和宁波的传统手工艺制作、传统小吃,共100个项目进行了现场制作、展示。"越风清韵——越剧折子戏专场"进行了《打金枝·闯宫》、《梁祝·十八相送》、《孟丽君·游上林》、《何文秀·桑园访妻》、《山河恋·送信》等越剧经典唱段展演。"梨园雅韵——传统戏曲折子戏"演出了甬剧《半把剪刀》、姚剧《双推磨》以及平调、京剧等剧种的折子戏。"第二届阿拉非遗汇"同样吸引了社会各界的广泛关注和市民的广泛参与，获得了很大成功。

"非遗课堂"是宁波市文化馆着力开展的一项非物质文化遗产公益培训。目前，宁波有国家级非物质文化遗产项目21项，省级非物质文化遗产项目79项，市级非遗项目190项，囊括了民间文学，传统音乐，传统舞蹈，传统戏剧，曲艺，传统体育、游艺与杂技，传统美术，传统技艺，传统医药，民俗等十个大类。宁波市文化馆通过"非遗课堂"每月推出一个培训主题，使宁波市民获得与非遗项目亲密接触的机会。他们已经先后推出了灯彩制作技艺培训、香袋制作技艺培训、风筝制作技艺培训、宁波金银彩绣技艺培训、四明内家拳培训、宁波传统菜肴烹饪培训等若干个专题。"非遗课堂"除了设在宁波市文化馆培训中心，还在江北、江东、海曙、鄞州四个文化馆和社区分别设立了培训点，并将"非遗课堂"送进

军营。在"阿拉非遗汇"举办期间，他们又将"非遗课堂"搬到了"阿拉非遗汇"上。首届"阿拉非遗汇"现场，上至六七十岁的老人下至六七岁的孩子，近百名市民跟着传承人学起了纸风车、棕叶编织、面塑等手工技艺。第二届"阿拉非遗汇"现场，"非遗课堂"开展了剪纸、中国结、青瓷、面塑、刺绣等宁波传统手工技艺教学活动，还新增了传统游戏项目蒙眼贴鼻子、滚铁环、跳房子、踢毽子等，让年轻人及孩子充分感受到了传统文化的魅力。

"阿拉音乐节"是宁波市文化馆从2012年起着力打造的又一项品牌文化活动。如果说"阿拉非遗汇"重在引导人们传承优秀传统文化，那么，"阿拉音乐节"则重在引领风尚，突出都市文化的特点，引导人们进行文化创新。"阿拉音乐节"以"乐玩越年轻"为活动主题，以"青春、时尚、欢唱、活力"为活动定位，以"阿拉宁波人"为参与主体，全力打造惠及全民的宁波本土原创大型音乐节。"2012中国移动·阿拉音乐节"的主要活动内容包括："乐玩越年轻"万人欢唱会——中国好声音歌手走进阿拉音乐节、"大学生之夜"《I.Dream，相信》、"斯博睿之夜"《酷炫劲爆风》、"三江之夜"《阿拉好声音》、"音乐书香月"阿拉音乐节惠民行动、寻找"阿拉好声音"、"阿拉好乐队"、"阿拉的音乐故事"等八项音乐系列活动。整个音乐节充满了动感、时尚和浓郁的青春气息。在"乐玩越年轻"万人欢唱会上，中国好声音优秀学员李代沫、金志文、关喆、徐海星、李维真、黄鹤、张玮琪走进阿拉音乐节，他们与宁波本土优秀歌手、音乐人、乐队全力互动，并带领全场观众一起欢唱、一众狂欢。在"大学生之夜"《I.Dream，相信》演唱会上，宁波诺丁汉大学的鼓楼乐队、宁波万里学院的MARCH乐队和BinGo乐队、浙大宁波理工学院的二声弦，以及梦想家乐团等年轻的大学生乐队以"坚持梦想，敢为自己，音乐万岁"的精神和时而狂野、时而感伤、时而不羁、时而激情澎湃的表演深深地感染了观众。"斯博睿之夜"《酷炫劲爆风》全国街舞邀请赛作为2012阿拉音乐节的首场演出，宁波艾潮Warriors、舞部落、宁波PISTOL、爵色文化等本土街舞队和杭州马达旋风、义乌KOS、上海Dance Space等十几支队伍，在台上轮番表演Poppin、Hip-Hop、Breaking。让人眼花缭乱的经典街舞，引得年轻的观众不停地鼓掌、呐喊，全场气氛十分热烈。其中最受欢迎的寻找"阿拉好声音"吸引了100余位宁波本土歌手的热情参与，选手中年龄最大的50余岁，最小的仅5岁。该项活动参与方式简便而时尚，只要有一部智能手机再加上微博转发，就可以轻松搞定。这种方式也极大地吻合了阿拉音乐节针对年轻时尚群体提出的"乐玩越年轻"的主题。2013"阿拉音乐节"推出了"阿拉街景文化"、"阿拉圆梦行动"、"阿拉群众和声"、"阿拉世界风情"、"阿拉音乐盛典"五大板块共10项活动。本届音乐节仍坚持"青春、时尚、欢唱、活力"这一定位，强化音乐的全民互动。2013阿拉音乐节之"群众和声"阿拉乐队首站巡演在中山广场开唱。迷人的萨克斯TRUTH响起，《再回首》、《恼人的秋风》、《夜来香》等经典歌曲轮换演绎，加之委婉动听的戏曲联唱，还有激越动感的《hi歌》、《对你爱不完》，使台上台下充满了激情。在雅戈尔体育馆举行的"酷我真声音"大型演唱会，在和丰创意广场举行的万人规模的"乐玩越年轻"露天广场音乐会，使宁波这座城市成为音乐的海洋。

"阿拉音乐节"是宁波全民的音乐狂欢节。它以年轻人为主要关注对象，但把宁波不同年龄、不同层次的人都吸引到了音乐节中来，在宁波掀起了巨大的音乐浪潮，让人们在音乐中尽情享受了生活的美好和创造的快乐。

"天然舞台"是宁波市文化馆打造的又一个公益文化惠民品牌。"天然舞台"曾是20世纪30年代宁波红极一时的老戏院的名称，承载了宁波几代人的文化记忆。宁波市文化馆巧妙借用这一名称，激活传统，将"天然舞台"搬到了广场，在继承传统的基础上又增加了现代内容，策划了四大"演出季"。2013"天然舞台"第一季为"文化庙会"，"文化庙会"主打"回归"、"年味儿"等民俗牌，从大年初三至初七，每天下午在以传统戏台形式搭建的舞台上连续推出五场精彩演出，内容包括甬城百姓喜爱的越剧、甬剧、折子戏、综艺、曲艺杂技等。与广场演出同步推出的，还有广场两侧的"老底子过大年"展示区，来自全市各地的8名非遗传承人展示剪纸、虎头鞋制作、糖画、面塑、香袋制作、草帽编织、木杆秤制作

等民间手工技艺,让甬城百姓着实感受了一把"老底子逛庙会、看大戏、过大年"的喜庆气氛。"天然舞台"第二季为"文化大集",来自宁波基层社区和农村的14支艺术团队奉献了精彩的表演。镇海区招宝山街道艺术团380多人,构成了此次汇演的最大阵容。梅山乡港岛之花、鹤浦镇渔民文化两支海岛艺术团,让宁波城里的百姓领略了海岛风采。慈溪市坎墩文化志愿者艺术团,带来了民间文化的特色和韵味。余姚市兰江街道舜南社区文艺团队以扎实的戏曲功底展示了戏曲文化的魅力。慈城的业余艺术团的表演让观众感受到了慈城古老而现代、传统而时尚的幸福生活。"天然舞台"第三季为"文化擂台",推出了"最佳拍档"歌手大赛、"舞动全城"流行舞大赛、"寻找好司仪"大赛,为宁波各类艺术人才崭露头角提供了机会和舞台。"最佳拍档"歌手大赛吸引了近80名平民歌手报名参赛,不仅有军人、花艺师、大学生、快餐店店长,还有快递员、电梯维修工、退休工人。"舞动全城"流行舞大赛吸引了有100多名流行舞高手组成的24支队伍参赛,他们来自全市各舞蹈工作室、大中小学,最小参赛者只有5岁。"寻找好司仪"大赛则成了宁波婚庆司仪从业人员业务技能大比拼，司仪们机智幽默的对话、才华横溢的表演既让现场的观众开怀大笑，又进一步提升了司仪的素质。"天然舞台"第四季为"文化派对"，首场为"红旗飘飘"——宁波市"党的群众路线教育实践活动"广场主题晚会。国庆长假期间，上海东绛州鼓乐团与上海打击乐团、上海虹影魔幻艺术团、南通市少年杂技团专场演出，以及"我要上舞台·扬炀演唱专场"，使文化传承与文化创新相互激发，传统文化与现代文化交相辉映。

## 以建设现代型文化馆为理念，实现公共文化服务不断创新

宁波市文化馆着力建设与建设社会主义文化强国和构建现代公共文化服务相适应、相匹配的现代型文化馆。他们以建设现代型文化馆为理念和追求，实现公共文化服务不断创新，以求最大限度地满足人民群众基本文化需求，保障人民群众基本文化权益，提升市民的文化艺术和审美素质，激发全体市民的文化创造活力。

宁波市文化馆位于宁波市药行街117号。为了使宁波市文化馆的公共文化服务更吸引社会参与，内容更有利于培养现代公民、培育现代文化、传播现代价值观，激发全民的文化创造活力，在服务方式、服务手段、服务模式上更现代化，具有更高的服务效能，他们将临街的门面房进行了整体的装修改造，新建设了"117艺术中心"。

"117艺术中心"是一个集艺术展示、鉴赏、交流、体验、创造为一体的现代公共文化服务平台，面积1500平方米，分为艺术展览区、艺术体验区、艺术休闲区，其以"艺术引领城市生活"为己任，契合宁波开放、现代、时尚、包容的城市气质，倡导"把艺术带回家，让生活更美妙"理念，努力为广大群众提供一个公益的高品质的艺术空间。

"117艺术中心"2014年1月正式亮相以来，已经举办了10多项高品位的活动。

在"117艺术中心"开幕展上登场的是"艺术宁波·西泠风名家艺术作品宁波大展"。大展展出了西泠印社150件书、画、印、碑拓作品。开幕展现场,西泠印社原法人、国家高级美术师、画家余晖先生,西泠印社出版社原总编、史论家、书法家朱妙根先生,西泠印社理事、国家高级美术师、篆刻家、书法家李早先生泼墨挥毫,让市民近距离地欣赏了大师们艺术创作的全过程。"117艺术中心"开幕展的同时,宁波市25名优秀的青少年"小书法家"也在艺术中心现场免费为观摩群众书写春联。

2014年2月,"117艺术中心"举办了"有眼事体"第七期创意市集"天一深水"。"有眼事体"创意市集是由宁波市民间三个艺术青年发起组织的,2013年8月成立以来,以每月一期的频率,已举办过六期不同主题的创意市集,参与者有几万人次。据"有眼事体"创意市集策展人介绍,所谓的创意市集,是在创意产业发展过程中出现的新兴交流模式,旨在为各类新兴设计师和艺术家提供开放、多元的创作环境和展示平台,推崇个人创造,鼓励创意立业,尤其强调以文化、艺术、设计等为产品或服务提供实用价值之外的文化附加值,是一个产生创意并使创意作品商品化的实验舞台。目前,众多国际大都市如伦敦、巴黎、东京等都有自己的创意市集,这类市集成为新设计师和艺术家铺展事业的起点。为了让更多的市民了解创意市集,构建设计师与品质生活引领者之间需求互动的交流平台,加快以设计推动自主创新的步伐,发现优秀人才,激励和带动中国企业重视设计、开发有自主知识产权的原创产品,"117艺术中心"把创意市集这一新的文化形态放大展现在大家面前。创意市集"天一深水"有37个民间艺术设计团体和个人带着各自的创意设计类产品前来展示、交流,现场展示的手工产品还包括留学生们带来的外国手工艺人做的肯尼亚石器、英国192—950年代的手工银项链,宁波市唯一一家涂鸦团队"青鲤"制作的创意产品也参加了展示,吸引了大量甬城文化创意产业从业者和青年文艺爱好者观赏。

2014年6月,"117艺术中心"举办了"2014宁波六高校建筑学优秀毕业设计联展",展览主题为"建筑·五年"。"117艺术中心"联合宁波大学、宁波大学科学技术学院、宁波工程学院、浙江万里学院、浙江大学宁波理工学院和宁波诺丁汉大学六所高校，每所高校选取五份优秀毕业设计作品，通过作品展览、高校交流会及毕业设计分享会，展示教学成果，开展专业讨论和毕业设计交流。对于参加展览的建筑学毕业生而言，展览是对专业学习成果的一个呈现，是对大学时光的告别，是对未来人生的新的开启。对参观展览者而言，则是对建筑设计和建筑艺术的了解和感悟，是对青春梦想的分享，是对未来建筑艺术的憧憬和祝福。

陆新建个展《美丽的邂逅：城市与诗歌》是"117艺术中心"推出的一个别具新意的展览。展览展示了中国当代新锐艺术家陆新建2010至2013年间创作的《城市基因》与《隐诗》两个系列24幅最具代表的抽象写实艺术作品。陆新建1977年出生于江苏，2000年毕业于南京艺术学院设计系，2004—2005年期间就读于荷兰Eihndhoven设计研究院研究生部，并于2006年在荷兰汉斯大学弗兰克·莫尔学院互动媒体和环境系获得硕士学位。《城市基因》系列深受"风格派"的领袖人物荷兰艺术大师蒙德里安的影响，其标致性的三元色几何色块组合书赋予了当代抽象艺术新的视觉符号。《城市基因》系列绘画以看似简单的抽象线条来表现错综复杂的视觉对象。俯瞰一座城市，提取其最精华的基因结构，再以抽象写实的笔法以点、线、圈等几何元素及与该城市人文所呼应的色彩精准地展示出全球每座城市的特征与文化内涵。而《隐诗》系列则史是挑战绘画与文学之间的楚河界限。作品以简单的几何元素重新解构了中文的汉字及英文字母，以同样的抽象写实的视觉符号重新演绎东西方的经典诗篇。作品将李白、莎士比亚的经典诗歌隐藏于层叠的色彩和几何图形中。浪漫的文学融合于城市建筑感的图形符号中，浓烈的色彩立体地呈现艺术家对于视觉与人文的探索和情怀，引人入胜。这一题材新颖、充满都市感的艺术展给宁波这座城市带来了艺术与城市、城市与诗歌的美丽邂逅，让当代艺术走进了生活，更让公众有机会"把艺术带回家"。

"2014国际具象·抽象展"是"117艺术中心"推出的一个具有国际视野的创新性的展览，该项活动得到了中华人民共和国文化部艺术司、中

国国家画院、中国抽象艺术促进沙龙、深圳市形格行形象设计有限公司的支持,来自中、美、英、法、意、韩、澳大利亚、西班牙等14个国家的36位艺术家的作品亮相宁波市文化馆"117艺术中心"。在人们的意识里,具象表现与抽象表达是视觉艺术的两极,各不相容,井水不犯河水,所以传统的展出是界限分明的。这次展览却打破了传统思维的墙,将具象与抽象这两种对立的艺术形式作品作为同一主题同场展出,推动了艺术作品展出方式的变革,让各种艺术形式的作品在大开放、大包容的文化状态中平等对话,让展览为观众重新认识和理解艺术之间的关系架起了一座新的桥梁,提供了一种多元化视角的解读方式。此次展览得到社会各界人士的好评。

"117艺术中心"所推出的"银亿杯"宁波市第六届青少年创意大赛展、"重振越窑青瓷雄风,新建海上丝绸之路"——中国陶瓷艺术国大师系列精品展、"拾级而上"2004—2014形而上设计十周年暨邀请展等，也都给市民带来了独特的艺术享受。

"我是童画家"宁波市首届少儿美术创意季是宁波市文化馆主办的一项少儿美术活动，由"我是童画家"少儿美术创意网络大赛、"我是童画家"少儿美术创意艺术衍生品展览、"我是小慈善家"艺术衍生品拍卖会、"我是童画家"名师结对辅导培训季等系列活动组成。

活动经过网站发布、媒体发动、海报推广、走进校园等历时3个月的系列宣传，共收到来自国内及美国、日本、加拿大等国家和地区热爱美术的723名少年儿童寄送的4338幅童画作品。通过专家顾问团和网络投票，评选出100强作品和优秀童画家50强，宁波市文化馆又邀请国内专业设计团队将入选100强的作品开发制作成艺术衍生品并参加最后的总决赛。"我是童画家"宁波市首届少儿美术创意季艺术衍生品展暨"我是童画家"颁奖典礼、"我是小小慈善家"艺术衍生品拍卖会等活动均在"117艺术中心"举行。孩子们用涂鸦、国画、水彩、水粉、卡通、漫画等绘画方式反映城市、生态、爱、梦想等各类主题的作品，被印在了背包、鼠标垫、拼图、雨伞、水杯等上面，被制作成上千件艺术衍生品，这些艺术衍生品在展览展示的同时进行了公益售卖，所得善款全部用于"我是童画家"公益美术教室计划。这项活动不仅激发了孩子们对美术的热情，吸引了社会各界对少儿美术事业的支持和关注,还培养了孩子们和市民的爱心,同时,也大大拓展了少儿美术活动的服务面和服务人群,一举多得,收到了良好的社会反响。

"117艺术中心"引进了先进的办展理念和文化创意产业运作方式,集聚了本土和本土之外的优质艺术资源,开辟了文化馆提供公共艺术产品的新路。其所举办的展览和活动集中体现了宁波市文化馆公共文化服务创新的理念,体现了宁波市文化馆提供高端、有品位、有内涵、有现代意识的公共文化产品的追求,彰显了一个现代文化馆应有的品质和品格。

## 利用网络和数字技术,使文化馆公共文化服务手段实现现代化

一个现代型文化馆,其服务手段必然是现代化的。

宁波市文化馆紧跟数字化发展的时代步伐,努力使文化馆公共文化服务手段实现现代化。

传统型文化馆主要是利用设施提供固定服务。在建设现代型文化馆的过程中,宁波市文化馆除了提供固定服务和流动服务外,十分注重利用网络平台和数字技术提供数字化服务。

宁波市文化馆网站始建于2007年,是全国文化馆中最早建立的网站之一,基本涵盖了市级文化馆工作与服务的全部内容,网站年均访问量20余万人次。目前网站设有文化信息、文化服务、网上剧场、网上课堂、网上展厅、网上电子期刊、文化专题、互动社区等一级栏目8个,天然舞台、文化基地、场馆导航等二级子栏目37个,视频数据约30G,有音乐舞蹈戏曲地方剧等各类视频265个。网站技术支撑采用J2EE架构,数据库采用SQL SEVER数据库。宁波非物质文化遗产网于2009年2月上线运行,网站栏目包括工作动态、通知公告、非遗名录、遗产精髓、传承基地、传承人、百家争鸣、音频视频、专题活动、法规文件,特色栏目包括遗产

名录、遗产精髓、传承基地、传承人。宁波市文化馆网站正式上线推出至今，经历了两次重大改版，分别就版块设置、栏目内容、版面设计、后台功能等进行了调整和增删。2011年的改版，特别增加了文化场馆特色导航、网上剧场（视频播放）等功能，建立了群众文化专家资源库、群众文化团队资源库、宁波市县市区特色文化资源库、宁波市非物质文化遗产资源库等。在全国同类型网站中，宁波市文化馆网站处于领先地位。该网站已经成为宁波市文化馆数字公共文化服务的重要载体和平台。

在所有重大公共文化服务、重大公共文化活动和品牌活动的开展中，宁波市文化馆都十分重视利用包括网络媒体在内的全媒体平台进行宣传和传播。举办"阿拉音乐节"，他们设计了一整套宣传推广方案。一是传统媒体全程跟踪。他们与《宁波日报》、《宁波晚报》、《东南商报》、《现代金报》、《新侨报》等媒体建立起紧密的合作关系，通过召开媒体沟通会、制定周期性宣传方案、开展定点选题策划等方式，使"阿拉音乐节"期间的所有活动由传统媒体全程跟踪，进行不间断的宣传。二是网络媒体专题合作。"阿拉音乐节"关注的对象是时尚、年轻的群体，网络媒体资源的充分发掘具有重要意义。他们与中国宁波网亲密携手，开设"阿拉音乐节"活动专题网页，除实时报道"阿拉音乐节"最新资讯外，更侧重报道参与性强的活动展示、网络投票等互动活动。其中，寻找"阿拉好声音"活动引起网友高度关注，十强选手的网络投票更是火爆，为"阿拉音乐节"欢唱演出起到了极佳的宣传预热效果。三是官方微博自主推广。为体现"阿拉音乐节"紧跟时尚流行的脚步，宁波市文化馆着重推出"阿拉音乐节"新浪微博，第一时间与网友进行音乐节实时互动。网友只要关注"阿拉音乐节"新浪微博，转发相关活动微博并@三名好友，即可参与互动，不仅可以获得最新鲜的音乐节资讯，还有机会获得"乐玩越年轻"大型欢唱会的演出门票。"2012阿拉音乐节"微博开通后，发布微博1000余条，吸引粉丝数万人关注，其中热门微博转发超5000次。

为了进一步加强文化馆的数字化建设与服务，2013年，宁波市文化馆又启动了数字文化馆建设，已组织相关工作人员赴上海等地专题考察数字文化馆建设工作，并制定相关方案和规划，分别就网站改版、新增数字平台、文化资源数据库建设、数字体验厅建设等内容进行论证。现已购置大型互动触摸屏两台、数字服务器一台，作为数字体验厅的基本硬件。与此同时，根据馆内现有艺术门类和人员优势，着手拍摄制作网上课堂等相关教程，以便将来用于馆网站和数字体验厅的动态体验部分。为强化文化馆数字平台的互动与推广，馆官方微博于2014年进入强化推进阶段，并开通馆官方微信订阅号、"117艺术中心"微信订阅号，与馆网站同步信息互动，使馆活动信息、原创新闻实现资源利用率最大化，迅速提升信息传播与扩散效果，形成高度活跃的馆自办媒体群。下一步，宁波市文化馆将按照"以互联网络为核心，以移动终端为重点，以实体体验为切入，以整合贯通为手段"的多向立体交互式建设模式，搭建起符合文化馆自身发展需求、满足群众文化享受的数字艺术大厦，使宁波市文化馆的服务手段更加现代化。

## 现代型文化馆建设的未来之路

在实现由传统文化馆向现代文化馆转型升级，着力建设现代型文化馆的道路上，宁波市文化馆率先探索、率先实践，克服了许多艰难，取得了可喜的成绩。

他们着力完善文化馆的治理体系，提升文化馆的治理能力，努力使文化馆的制度、管理、机制符合建设现代型文化馆的要求。

他们开展了宁波市群众文化生活需求调查，并将调查研究成果汇成《宁波市群众文化生活需求调查》一书出版。在充分了解群众文化需求的基础上，使得文化馆所提供的服务和项目能够和群众需求有效对接。

他们制订了文化馆服务标准和服务规范，推动文化馆公共文化服务标准化、均等化。

他们充分发挥副省级城市文化馆在所在城市文化馆体系中的引领、示范和带动作用，积极参与和指导本市各级文化馆的业务建设，合理配置文

化艺术服务资源，组织开展全市群众文化艺术产品的创作、生产与推广活动，举办全市性及示范性公益文化艺术活动，开展具有导向性、引领性和示范性的公益性文化艺术服务和社会艺术教育工作，指导全市各级文化馆开展非物质文化遗产保护工作，辅导培训基层文化馆业务人员，编辑出版全市性群众文化杂志和公共文化书籍，组织开展群众文化、公共文化和非物质文化遗产理论研究，组织开展全市和对外文化交流活动，深入开展免费开放服务，建立全市文化馆系统公共数字文化服务平台，整合全市各级文化馆资源及社会资源开展联合服务。

他们不断拓展文化馆公共文化服务社会参与的渠道，将合作对象由市内拓展到市外，由基层拓展到上层，由国内拓展到国外，不断提升公共文化服务的文化品质和文化内涵。

他们不断丰富文化馆公共文化服务的内容，以开放、包容的姿态，将主流与民间、传统与现代、特色与多样、地方与国际融为一炉，努力满足人们多样化、个性化的文化需求，丰富人们的精神文化生活，激发人们对生活、对艺术的热爱，激发人们的文化创造热情。

他们将文化产业发展的理念和运作方式引入公共文化服务领域，以项目化为手段，最大限度地激发文化馆从业人员的工作热情和主动性、创造性，使文化馆公共文化服务项目产生最大效益。

按照十八届三中全会构建现代公共文化服务体系的要求，宁波市文化馆正积极完善绩效考核机制，研究和探索建立文化馆理事会，强化社会公众对文化馆公共文化服务供给及运行的知情权、参与权和监督权，进一步增加文化馆管理与决策的透明度。

他们以"创新、整合、规范、提升"为总体工作思路，文化馆的"数字化、品牌化、网络化、标准化、社会化"建设均取得了实实在在的成效，文化馆的服务效能大大提升。

在建设现代型文化馆的道路上，宁波市文化馆也遇到了制约。一是现有的大的文化体制机制和政策环境，还不能让宁波市文化馆完全放开手脚；二是宁波市文化馆目前的设施还相对狭小、老旧和落后，和宁波市文化馆对面高耸挺秀、气势宏伟壮观的宁波天主教堂形成反差，和宁波市文化馆建设现代型文化馆的目标和追求也有距离。好在建设现代型文化馆还只是开始，建设现代型文化馆永远在路上。我们相信，随着全面深化改革的不断推进，随着宁波市经济社会的发展和现代公共文化服务体系的进一步完善，宁波市文化馆目前所遇到的困难和问题一定会得到很好的解决，宁波市文化馆一定会在建设现代型文化馆的道路上走得更好，走得更远！

2014年9月1日初稿<br>
2014年9月6日定稿

# 附录

# 宁波市首届阿拉非遗汇活动方案

### 一、活动宗旨

阿拉非遗汇，以"立足文化遗产，守望精神家园"为活动主旨，弘扬传承中华民族优秀文化，集中展示中华老字号、非物质文化遗产保护传承成果，培养市民对优秀传统文化的文化自觉和文化自信，丰富市民的文化生活。

### 二、组织机构

主办单位：宁波市文化馆

承办单位：宁波文化广场投资发展有限公司

浙江省老字号企业协会

宁波市非遗保护中心

### 三、时间、地点

时间：2013年10月5日—7日

地点：宁波文化广场

**四、活动设置**

（一）手艺中国——中华老字号展示

汇集浙江省著名中华老字号项目进行现场展示。如王星记扇、邵永丰麻饼制作技艺、五芳斋粽子制作技艺、桐乡蓝印花布制作技艺、宁波冯恒大慈城水磨年糕手工制作技艺、缸鸭狗传统糕点制作技艺、赵大有龙凤金团等。

（二）薪火相传——优秀非遗项目展示

组织宁波市内外的优秀非遗项目进行现场展示。包括朱金漆木雕、泥金彩漆、金银彩绣、骨木镶嵌、面塑、糖画、金丝草帽编织、虎头鞋、锡器制作、慈城木杆秤制作等。

（三）阿拉非遗秀——宁波市首届非遗小卫士才艺大赛

设置报名、海选、复赛、决赛等环节，通过前期的宣传造势，营造良好的活动氛围，并集结其中的佼佼者在国庆节期间进行擂台赛，角逐"阿拉非遗达人"。

（四）古风今韵——优秀非遗项目表演

邀请宁波优秀的非遗表演类项目在活动期间进行展演，10月5日上午、下午各演一场。

（五）线上风情——提线木偶戏演出

邀请木偶戏专业非遗项目演出团队进行专场演出（木偶戏一天三场）。

（六）非遗课堂

进行宁波传统文化教学体验亲子活动，寓教于乐，让年轻人及小孩感受传统文化的魅力，在体验中加深对宁波老底子的认识。

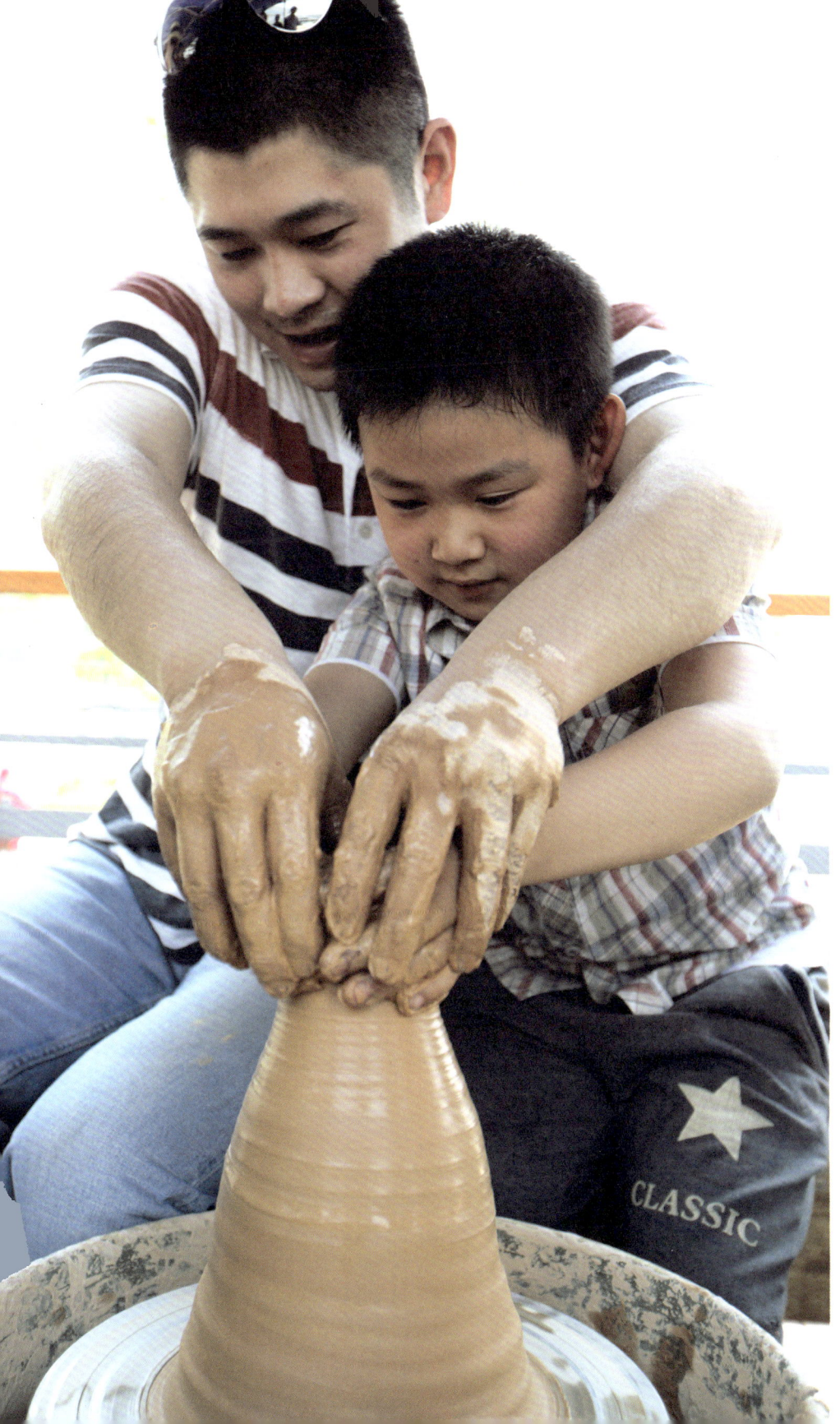

# 【分方案一】
## "非遗汇"——"手艺中国"优秀非遗项目展示活动方案

### 一、指导思想

以"非遗汇"为契机，搭建浙江省非遗老字号展示平台，弘扬传统技艺、展示中华文化，进一步提升文化建设的内涵及影响力，宣传、普及、提高公众对非物质文化遗产的保护意识，营造全社会参与非遗保护的良好氛围，丰富都市文化活动，增强传统文化活力，构建诚信友爱、美满幸福、充满活力的和谐社会。

### 二、活动主题

"弘扬非遗老字号"

### 三、活动时间

2013年10月5日—7日（7日下午撤展）

### 四、活动地点

宁波城市文化广场

### 五、活动内容

（一）区域定位

布置60个展位，集中展示老少皆知的中华老字号，让市民在参观的同时通过可赏、可品、可购的互动活动，增加活动氛围，促进现场销售，增添节日氛围。

（二）项目邀请

浙江省杭州胡庆余堂国药号有限公司、杭州王星记扇业有限公司、杭州张小泉集团有限公司、湖州王一品斋笔庄有限责任公司、浙江五芳斋实业股份有限公司、湖州丁莲芳食品有限公司、义乌市丹溪酒业有限公司、桐乡市丰同裕蓝印布艺有限公司、杭州富春江宣纸有限公司、杭州吴越人家工艺服饰有限公司等知名老字号50家。

（三）展示形式

1. 技艺展示

每个老字号都邀请传承人做现场技艺表演，展现传统工艺中的精彩环节，从原料、工具、成品等多方位向市民进行零距离展示，诠释中华传统技艺。

2. 图文展

每个项目配上项目及传承人的图片、文字的版面说明。

## 【分方案二】
## "非遗汇"——"薪火相传"优秀非遗项目展示活动方案

### 一、指导思想

以"非遗汇"为契机，搭建宁波非遗文化展示平台，保护传统文化，传统中华手艺，体现薪火相传的非遗保护途径，宣传宁波非遗保护工作蒸蒸日上的态势。

### 二、活动主题

"传承传统文化"

### 三、活动时间

2013年10月5日—7日（7日下午撤展）

### 四、活动地点

宁波城市文化广场

### 五、活动内容

**（一）区域定位**

布置40个展位，汇集宁波市民喜爱的非遗老字号及非遗优秀传统手工艺项目。

**（二）项目邀请**

宁波老字号及传统手工技艺缸鸭狗传统糕点制作技艺、升阳泰宁式月饼制作技艺、赵大有龙凤金团制作技艺、香袋制作技艺、慈城水磨年糕手工制作技艺、木杆秤制作技艺、面塑制作技艺、风筝制作技艺、朱金漆木雕技艺等35个项目。

**（三）展示形式**

1. 技艺展示

特邀宁波知名的代表性传承人做现场技艺表演，每个展位力求活态技艺展示，展现传统工艺中的精彩环节，让非遗文化与市民进行近距离接触，使非遗保护意识深入人心。

2. 图文展

每个项目配上项目及传承人的图片、文字的版面说明。

## 【分方案三】
## "宁波市首届阿拉非遗汇"之阿拉非遗秀
## 宁波市首届非遗小卫士才艺大赛方案

### 一、活动主题

"保护非遗，传承文明"

### 二、活动时间

9月上旬—10月7日

（1）9月17日前：完成前期宣传、报名、海选工作。

（2）9月22日—9月25日：海选和复赛。

（3）10月7日：决赛。

### 三、活动地点

（1）海选：设12个报名点（11个县市区和市文化馆各1个）。

（2）复赛：宁波市文化馆。

（3）决赛：宁波文化广场。

### 四、参赛条件

（1）热爱传统文化，对我市非物质文化遗产项目中的手工技艺、传统戏曲（曲艺）、体育竞技等类目有一定了解并有一定的技艺展示能力。

（2）年龄在18周岁以下。

（3）个人或团队均可。

## 五、活动流程

（一）宣传，报名（9月17日前）

1. 宣传

（1）通过电视、网络、报纸等媒体宣传本次活动。

（2）市非遗中心制作统一海报，在全市进行宣传。

（3）各县市区非遗中心认真做好本地区的宣传工作。

2. 报名

（1）各县市区的非遗中心组织、推荐手工技艺项目和表演类项目各2—6个。

（2）要求各县市区的非遗中心以所在地的教育传承基地为主、社会报名征集为辅，进行组织、推荐。

（3）9月17日前完成报名工作，并报至市非遗中心。

（二）海选和复赛（9月22日—25日）

1. 海选（9月22日—23日）

各报名点自行组织海选，将海选情况报市非遗中心。

2. 复赛（9月24日—25日）

市非遗中心根据海选情况进行复赛。

（三）决赛（10月7日）

1. 手工技艺类决赛（10：00—11：30）

（1）进入决赛的手工技艺类选手在各自展位上展示自己的作品（必须是选手本人亲手制作）及现场制作作品的形式进行决赛。

（2）评委以选手现场制作的作品作为评分的主要依据，展示的作品作为评分参考依据，进行现场评比。

（3）评出金、银、铜奖各若干名，组织奖若干名。

（4）颁奖。

2. 表演类决赛（10：00—11：30）

（1）主持人开场（介绍到场评委、嘉宾、流程安排、评分制及现场互动）。

（2）选手按照抽签上场顺序上场做自我介绍后开始展示展演。

（3）评出金、银、铜奖各若干名；组织奖若干名。

（4）邀请外省的非遗项目助阵表演，如川剧变脸等。

（5）颁奖（与手工技艺获奖选手一起安排颁奖）。

### 六、联系方式

联系人：李春晖；联系电话：83897919

## 【分方案四】
## 首届阿拉非遗汇
## 古风今韵——优秀非遗项目表演

### 一、时间

10月5日，重复演二场，10：00－11：00，13：00－14：00

### 二、地点

宁波文化广场中心舞台

### 三、内容

甬剧表演唱、布龙、舞狮、木偶摔跤、越剧片段《十八相送》、造跌

## 【分方案五】
## 首届阿拉非遗汇
## 线上风情——提线木偶戏演出

### 一、时间

10月6日9：30—10：00，12：00—12：30，15：00—15：30；10月7日9：30—10：00

### 二、地点

宁波文化广场

### 三、内容

泰顺提线木偶戏。泰顺木偶戏（主要指提线木偶戏）始于南宋，因战乱，京城临安大批艺人来泰顺避难，从而带来各种傀儡戏，保存至今的除提线木偶戏外，尚有药发木偶、布袋木偶戏。提线木偶在长期流传过程中，又不断吸收浙北及泉州两大木偶派系的艺术因素，在头像雕刻、人物造型、服饰装扮诸方面均独具一格。

## 【分方案六】
## 首届阿拉非遗汇
## 非遗课堂培训日程

### 一、时间、内容及授课人

10月5日：12：00—13：00，内容为棕叶编织，授课人张建林；14：30—

15：30，内容为纸风车制作，授课人竺履登。

10月6日：10：00—11：00，内容为纸风车制作，授课人竺履登；12：30—13：30，内容为面塑，授课人丁逸儿。

## 二、项目介绍

（一）面塑

面塑，也叫"面人"，用糯米粉和面加彩料捏制成各种小型人物或动物状，它是一种流传广泛，且具有悠久历史的民间工艺。丁逸儿说，面塑在我国民间至少有四五百年的历史，北方各地有着许多流派，捏面人真正始自何时已不可考。南宋《东京梦华录》中对捏面人也有记载："以油面糖蜜造如笑靥儿。"那时的面人都是能吃的，谓之为"果食"。而民间对捏面人还有一个传说，相传三国孔明征伐南蛮，在渡芦江时忽遇狂风大作，机智的孔明随即以面料制成人头与牲礼模样来祭拜江神，说也奇怪，部队安然过渡，并顺利平定南蛮，因而从此凡执此业者均供奉孔明为祖师爷。

目前，丁逸儿的面人艺术，已经成为江北区非物质文化遗产的代表作之一。

传统面艺，为了祈求风调雨顺，用面捏成猪羊，代替活的动物供奉神灵；捏出逼真的、活泼的娃娃和可爱的小动物等，祝愿儿童健康、活泼；捏龙腾万里，鸟啼春晓，代表喜庆等。

（二）棕叶编织

棕叶编织起源于三国时代，距今已有1700多年的历史。宁海古有棕叶一类的编织，但多为一些牧童、牧女之间的游戏之作，没有真正进入市场；民国时期宁海县城的街头巷尾，也有人以棕叶编织的鸟兽虫鱼之类叫卖，但解放后绝迹。张建林夫妻的棕叶编织技艺，是其在广东经商时从一四川老者处学来。两人在几年的实践中，改进了棕叶处理方法，使棕叶保鲜的时间更加长久。编织时，脑海中构思好该编织的动物图案，再通过拉、折、穿插和打节等方法，将材料制作成各式各样形象逼真的飞禽走兽和昆虫。此项工艺在本地区已不多见，现由张建林夫妻掌握，其后并无继承人。

(三)纸风车

纸风车是一种历史相当悠久、根植于民间的儿童玩具。每当过年来临、春节期间,大街小巷都会看到活泼可爱的儿童三五成群,手上拿着五颜六色的纸风车,迎风看着风车的快速旋转,苹果一般的脸庞都绽开了欢乐的笑容。这种纸风车大都街上有卖,尤其在城隍庙、中山公园、古楼旁边,都会有民间艺人在叫卖。有的家里为了省点钱,大人自己动手做,也能逗得孩子开心。

纸风车看似简单的玩具,要做得好也是有点讲究的。首先是选好纸张,太薄的纸风一吹就软塌了;纸太厚,微风吹不动,即使会转了也转得慢,硬邦邦的不舒畅。其次风车的色彩要鲜艳好看,给新春佳节添热闹、给大人小孩送好运。

# 宁波市2013阿拉音乐节活动方案

一、活动主题

在2012阿拉音乐节成功推出的基础上，2013阿拉音乐节将以国际视野为引领，打造一场席卷全城的宁波户外城市音乐节。全程贯穿"乐玩越年轻"的主题口号，延续让每个人都成为音乐节主人的鲜明主旨。在项目设置上，紧密围绕"乐"这一核心价值，以浓郁的宁波音乐元素为活动亮点，以国际惯例的体验式音乐空间为主推活动，以公益性广场巡演丰富基层群众音乐生活，让怀揣音乐梦想的甬城百姓成为阿拉音乐节盛典上最闪亮的明星。

二、组织机构

主办：宁波市文化馆

支持：爱珂文化、和丰创意广场、中国宁波网、《宁波晚报》、宁波移动电视、FM1047

### 三、活动时间
2013年9月—10月

### 四、活动地点
和丰创意广场、企业、校园、社区、军营等

### 五、活动内容
1. 阿拉世界风情
2. 阿拉音乐盛典
3. 阿拉街景文化
4. 阿拉圆梦行动
5. 阿拉群众和声

## 【分方案一】
## 阿拉音乐盛典

### 一、活动主题
"2013阿拉音乐节，我们只打造属于自己的明星。"盛典将以经典重现的方式，展现草根音乐人的音乐经典情结，以一场高水平创意感十足的情景再现音乐剧开启盛宴，为有梦想的阿拉音乐人创意打造一条"阿拉梦想之夜"的星光大道。参与的选手将有机会登上"我要上春晚"的舞台，成为中国好声音，世界好声音。为期两天的音乐盛典将更直接、更亲民、更时尚地与百姓互动，与百姓同享音乐的魅力，为百姓圆音乐之梦。

### 二、活动时间
2013年10月18日—19日

### 三、活动地点

和丰创意广场

### 四、主题口号

全民互动的音乐盛典

阿拉主角的狂欢盛宴

音乐圆梦的大众舞台

注定不眠的梦想之夜

### 五、活动内容

（一）原创世界风情歌舞秀《音为梦》

演出时间：2013年10月18日晚。

剧情简介：以音乐为主线，以经典为蓝本，情景再现、创意迭出。从兵俑复活到大清时尚，从上海老爵士到巴黎红磨坊，从日本宝冢到印度歌舞……在灯影里穿梭，在经典中顾盼，在音乐秀场中摇曳生姿。《音为梦》要带领现场观众融入到一个穿越灵动、魔幻经典的音乐时空之中。

序曲——《秦王时代》

兵马俑复活，舞台上有定格不动的假俑慢慢苏醒过来，女歌手演唱《焚心似火》（电影《古今大战秦俑情》主题曲）。舞台灯光亮起，光束由少变多。男歌手演唱《红颜》（胡彦斌《荆轲传奇》主题曲）。舞台上演员们做着机械的动作，完成一段整齐、刚毅、有力的兵俑舞蹈。

（男女舞蹈演员16人，武术6人）

第一章——《大清时尚》

女声哼唱《金枝欲孽》（电视剧《金枝欲孽》主题曲），女歌手演Music，Madonna青花瓷元素的高叉长旗袍，手拿白色羽毛扇，脚下穿旗鞋。运用麦当娜的音乐，一段具有颠覆性的时尚大清舞蹈。

（女舞蹈演员16人）

第二章——《猫》

女歌手演唱经典音乐剧《猫》的最经典唱段Memory

舞蹈演员身穿剧中各种形象的猫,配合助唱。

(舞蹈演员8男8女)

第三章——《狂野非洲》

男歌手演唱音乐剧《狮子王》,演绎非洲丛林的狂野,奔放。

(舞蹈演员8男8女)

第四章——《风情日本》

(日本民歌)宝冢音乐,国际电影大师黑泽明电影音乐《梦》。日本歌舞伎表演。最原始的日本华丽盛装,从舞台后侧缓缓走来,走到台中,走向观众。诡异的配乐,日本独有的装束和体态,呈现别样的日本歌舞艺术。

(女舞蹈演员13人,男舞蹈演员6人)

第五章——《烈焰印巴》

神秘的国度从香熏开始。整场弥漫着幽深的神秘感,突然间音乐变得柔情似水,出现一段地板舞《摩尼娜》,随后满场齐舞一段热情、情感、火焰四射的金环舞。女歌手演唱Zoobi doobi(印度电影《三个白痴》主题曲)。

(女舞蹈演员20人,男舞蹈演员8人)

第六章——《夜上海》

十字街头（电影《如果爱》插曲）从斧头帮的斧头舞开场，到黄包车、报童、警察、歌女……女歌手演唱《天涯歌女》，老上海的场景再现，最后从黄包车上下来一歌女，演唱《好春宵》。

（女舞蹈演员20人，男舞蹈演员8人）

尾声——《3013》

女歌手演唱《炫境》。一千年以后，那个充满想象的未来世界。What I Have Done（Linkin Park——变形金刚主题曲）。

（女舞蹈演员20人，男舞蹈演员8人）

（二）"阿拉音乐盛典"

演出时间：2013年10月19日19：00。

演出内容：19：00-20：00　拟邀请宁波阿拉乐队与本土著名音乐人组成最强阵容，奏响阿拉宁波人最激情、最火爆的音乐梦想。

20：00-22：00　拟邀请脑浊乐队、红色浆果、钢铁的心、糖果怪兽等乐队。

"梦传万家，说出你的故事"现场圆梦环节：邀请"寻梦"人亲临盛典现场，通过动人讲述与观众互动，主办方在现场为其深情"圆梦"。

## 【分方案二】
## 阿拉街景文化

### 一、活动主题

通过打造独特的三项音乐"街景文化"，分别运用灵动、追逐、勇敢三个词语来贯穿"乐玩越年轻"的主题思想，以各个场面的"反差效应"让2013阿拉音乐节本身得到更好的传播和宣扬。三个阶段的三个地点分别选择几个特定区域，更是将阿拉音乐节的气氛融入百姓的日常生活。

### 二、活动时间

2013年9月16日—21日

### 三、活动内容

场景一：音乐公交车（灵动的音乐梦想）

方案主题：流动的音乐梦想，伴随公交车穿行在甬城的大街小巷。

剧情模拟：下午2点，天气闷闷的。一辆正常行驶的357公交车，开到了药行街站停靠牌。5个背着吉他的年轻人，逐一上了公交车。乘客们随意瞟了一眼，没有太多的理会。打盹的继续打盹，玩手机的继续玩手机，刚来到宁波的外地民工趴在明晃晃的玻璃上，瞪大了眼睛，看着外面的高楼大厦。忽然，5个年轻人凑到了公交车的中间部分，一起弹起吉他，唱着《我的未来不是梦》。歌声悠扬。公交车上人们立刻从死气沉沉变为精神焕发。司机也随着他们的节奏，快乐地哼着小曲，打着方向盘。

评论方向：音乐具有流动性，她是长了灵魂的精灵，可以借助小小的公交流动到城市的各个角度，直达每个人的心底。

场景二：金色舞台的中央（勇敢的音乐舞步）

方案主题：只要你有梦想，只要你肯迈出那一步，你就是舞台，你就是舞台的最中央，金光璀璨。这一步，轻舞飞扬。

剧情模拟：华灯初上，鄞州万达人流涌动。琳琅满目的商品透过玻璃橱窗美轮美奂，年轻的女孩迈着轻快的步伐，大型的电子显示屏放着正在热映的电影宣传片。七八岁的孩子徘徊在麦当劳爷爷的门口，期待的眼神望着爸爸妈妈一次又一次。忽然，30个青年男女迅速集合在万达广场的金座，音乐忽然响起，他们翩翩起舞。他们没有奇特的服装，没有标准的舞姿，他们来自人群，他们仿佛就是你和我。广场所有的电子显示屏开始放送精美绝伦的舞蹈画面。画面流转，声音缭绕，围观的人群，齐刷刷地拿出手机，对着人群拍照。手机屏幕的银光耀亮了椭圆的金座舞台。

舞曲结束，人群散开，一切又恢复平常。屏幕继续流转，出现了"2013年阿拉音乐"的画面，字幕打开："只要你迈出这一步，这里就是你的舞台。"

评论方向：每个人都有梦想，只要你愿意加入，只要你愿意迈开脚步，你的舞台便在脚下，阿拉音乐节，处处是舞台。

场景三：天一广场的琴声悠扬（追逐的音乐信念）

方案主题：也许，每天你都有无尽的生活琐事和理不完的纷纷扰扰，但在夜幕降临时，你可以停下脚步，静静地聆听属于你的心灵音符。

剧情模拟：下午6点，夕阳的余晖散落在广场的一角，池里的喷泉随着水底灯光的变化而跳跃。忽然，4个穿着体面、西装革履的年轻人出现在广场的舞台中央。有的拿着大提琴，有的拿着小提琴，有的拿着贝斯，他们聚集在一起，演奏起一曲唯美绝伦的《梁祝》。流动中的人群，瞬间停滞不前，被这音乐紧紧吸引。一弦一柱，曲高曲低，声声动情，<u>丝丝留</u>

声。一曲作罢,有人消除了一天的疲乏,有人忘却了短暂的忧愁,有人消释了心中的不快,他们依旧站在那里,静静地聆听,此时无声却有声。

评论方向:生活再忙、再累、再纷纷扰扰,不要忘了你也有享受音乐的权利和追逐音乐的梦想。

## 【分方案三】
## 阿拉圆梦行动

### 一、活动主题

每个喜欢音乐的人都有一个梦想,也许是一把吉他或一把萨克斯,也许是一次登台的机会或一场精彩的献艺,又也许是一场高端的音乐会或一个名师的指导。2013阿拉音乐节梦想征集活动,是为喜爱音乐的阿拉音乐人进行圆梦的一个过程。300个音乐梦想征集话题类活动,将把阿拉音乐节更加平民化地推广到每个阶层每个角落,并在这些群体中产生浓厚的音乐文化氛围,从而在人们心中产生音乐共鸣。

## 二、活动时间

2013年9月24日—10月19日

## 三、征集对象

广大热爱音乐、追寻音乐梦想的新老宁波人。

## 四、参与方式

编辑"我的音乐故事"+"我的音乐梦想"（文字或语音均可），通过以下方式参与活动：

（1）微博（含长微博）@宁波市文化馆或@阿拉音乐节ALA。

（2）官方微信"宁波市文化馆"（微信号：nbswhg）。

（3）FM104.7私家车音乐台"阿拉音乐节"话题直播互动。

（4）中国宁波网天一论坛"阿拉音乐梦想"征集跟帖。

## 五、评选流程

征集期：9月20日—10月7日

发布期：10月8日—10月12日

完成期：10月13日—10月19日

音乐节组委会根据报送的梦想选取部分人，帮助他们完成音乐梦想。同时，也将一些音乐梦想公布到媒体上，借助社会的力量更好地实现或帮助他们实现。音乐节还将根据"寻梦"人的音乐素养与潜质，以及梦想内容，遴选出符合活动主题的人选若干，在音乐盛典现场进行现场互动，并在后期制作宣传视频。

## 【分方案四】
### 阿拉群众和声

**一、活动主题**

借助"2013阿拉音乐节"的公益文化平台，创排一台集结我市优秀音乐人才与音乐作品的文艺演出，通过走进不同的场所与群体，将音乐文化以点对点、面对面的方式传播到百姓的生活中，积极响应党中央号召，走群众路线，让音乐文化在老百姓的日常生活和工作中灿然绽放，让老百姓感受音乐的魅力，感受生活的品质，抒发深情，燃烧激情。

**二、活动时间**

2013年10月6日—17日

**三、活动地点**

企业、校园、社区、军营等

**四、活动内容**

1. "阿拉音乐之声"走进企业：活动主题"辛劳的汗水"

我们站在工地，站在车间，站在厂房里，与劳动者肩并肩，手牵手，放声歌唱。劳动者的汗水，变成音符滴落下来，幻化成美妙的歌曲，响彻在企业迅速发展的道路上。

2. "阿拉音乐之声"走进校园：活动主题"盛开的花朵"

青春、活力、朝气蓬勃、意气风发是学生的代名词。他们年轻，他们勇敢，他们内心纯净，他们无所畏惧。他们总在祖国最需要的时候走在最前沿，他们也是祖国的未来和民族的希望。他们用音乐的力量激发拼搏的精神。

3. "阿拉音乐之声"走进社区：活动主题"你的麦克风"

这是你的舞台，你的灯光，还有你的麦克风。今晚，你在这里就是最闪耀的明星，你就是聚光灯下那朵盛开的花。

4. "阿拉音乐之声"走进军营：活动主题"鱼水的乡情"

军爱民，民拥军，唱不完的是一声声鱼水之情，诉不完的是一句句血肉乡情。"双拥"之城共建和谐，歌声之美彰显军民齐心。

# 宁波市2013"天然舞台"系列活动方案

### 一、活动理念

推出"演出季"概念,统领贯穿全年的广场盛会;凸显"互动"参与性,创新艺术活动内容与形式;启动"文化专列"行,牵手企业乡镇文化共繁荣;依托"天"字号品牌,搭建全面覆盖的文艺舞台。

### 二、组织机构

主办单位:宁波市文化广电新闻出版局

承办单位:宁波市文化馆

### 三、活动阐述

第一季:文化庙会

以"文化庙会"为主题,主打"回归"、"年味儿"等民俗牌,在广场中心搭建古戏台造型的演出舞台,广场四周开设"老底子过大年"展示区域,让百姓一起感受欢乐祥和过大年、全家老少逛庙会的喜庆气氛。

时间:2月12日—16日(正月初三至初七)。

场次：5场。

内容：从大年初三至初七，每天下午连续推出五场精彩演出，内容包括甬城百姓喜爱的越剧、甬剧、折子戏、综艺、曲艺杂技等，不仅有宁波小百花、甬剧团的倾情加盟，更有外邀专业演出团体的激情献演，再加上非遗传承人的老底子手艺展示，为新春奉献一个热闹欢乐的开场。

第二季：文化大集

以"文化大集"为本季主题，既有对上一季民俗内容的接续，又巧妙契合本季乡镇文艺团队的文化气质。"源自乡土、风采非凡"，汇集宁波最基层的优秀业余文艺团队，让城市百姓见识和领略来自乡镇、村落艺术团队与人才的别样风采。

全市业余文艺团队汇演

时间：4月30日—5月13日。

场次：15场。

内容：连续推出来自各县（市）区的13支乡镇文艺团队，以专场演出的方式展示。同时，特邀宁波老年大学和老干部活动中心两支社会业余文艺团体加盟演出，共同组成红红火火的"文化大集"演出季。

我要上舞台 I

时间：5月13日—14日。

场次：1—2场。

内容：营造与观众互动的氛围，发掘艺术新秀，让富有才艺的草根平民登上天然舞台，以视频申报的方式进行节目征集，将各种形式的文艺节目进行筛选、包装、组合，打造成一台为草根实现梦想的盛会。

第三季：文化擂台

以"文化擂台"为本季主题，演出定位以年轻观众为主，按艺术样式分类推出歌手大赛、流行舞大赛、排舞总决赛，面向所有热爱艺术并有一定表演水平的百姓，以"低门槛、广参与"为特色，让这个夏季成为艺术人才竞相绽放的美丽花季。

《舞动全城》流行舞大赛

时间：6月底。

场次：3场。

内容：将时下最流行的街舞、机械舞、钢管舞等流行舞进行比拼，培养和发掘新新舞蹈人才。

《最佳拍档》歌手大赛

时间：7月初。

场次：6场。

内容：通过选拔的男、女组6位最佳歌手进行配对，再以对唱形式进行决赛。

全市排舞大赛

时间：6月上旬。

场次：1场。

内容：按照浙江省排舞大赛的要求，在全市范围内进行选拔赛，将最终选出的队伍报送参加省排舞大赛。

我要上舞台Ⅱ

时间：7月。

场次：1—2场。

第四季：文化派对

以"文化派对"为本季主题，经过三个演出季的洗礼，宁波的演艺人才已悉数登场。本季将以"高端、时尚、经典"为特色，组织本土艺术人才和外邀国内外著名团队汇聚广场，重磅献艺。

音乐演出

时间：10月1日—4日。

场次：4场。

内容：在广场上推出4场精品音乐演出，其中3场为摇滚乐队专场演出，1场为中外经典影视音乐会。

外邀团队

时间：10月5日—6日。

内容：邀请国内外著名的专业团队进行演出，让市民感受到高雅、时尚艺术的精彩和魅力。

年度盛会

时间：10月7日。

内容：将全年的天然舞台演出做个整体的回顾和总结，并将在当晚进行各个项目比赛的颁奖，邀请天然舞台热心观众上台畅谈感想，使整台晚会成为天然舞台的年度盛会。

送文化：文化专列

专题策划、高手汇聚、明星加盟，为企业、为乡镇、为基层送去高质量、高水平的文艺专场演出。

走进农村

时间：10月中旬。

场次：1场。

内容：精心组织一台集歌舞、戏曲、器乐、杂技等多种表演形式于一体的综艺晚会，或整台戏曲大戏，走进农村慰问演出。同时，开展一次艺术表演方面的辅导，并赠送相关的文化娱乐用品。

走进企业

时间：10月中旬。

场次：1场。

内容：选择一个重点工程企业，集合演艺集团三团最优秀的戏曲、歌舞、器乐演员联袂演出综艺晚会，并举办艺术讲座等形式多样的文艺服务。

中秋音乐会

时间：中秋节前。

场次：1场。

内容：由演艺集团下属小百花越剧团有限公司、甬剧团有限公司和歌舞剧院有限公司三团的演奏人员，合力演出一台精心创作和编排的"中秋音乐会"，奉献给全市人民，营造浓郁的节日氛围。

互动活动

为增强"天然舞台"的整体品牌效应，除四个演出季共计40场的广场文艺演出和三场慰问演出外，特别增设互动活动环节。这些活动既独立又有联动，操作简单，互动性强，将作为演出季中不可或缺的互动环节进行设置、安排，有效吸引大家的关注与参与。

（一）"天然舞台·我是拍客"微摄影大赛

以每一季演出内容为主题，利用网络、微博等平台开办微摄影大赛，吸引观众关注演出活动，并透过不同人的视角诠释"天然舞台"的品牌魅力。

（二）"天然舞台·微博达人"大赛

以每一季演出内容为主题，利用网络、微博等平台进行微博大赛，让观众可以对自己喜欢的演出发表自己的观点，也可以对天然舞台提出意见和建议，吸引更多观众参与到天然舞台中来。

（三）"天然舞台"想当年

拟与"天一文化"等媒体合作开设专栏，征集百姓中关于天然舞台鼎盛时期的图片、回忆、故事、演出等，共同展示宁波百姓与天然舞台的难忘情缘。

（四）"天然舞台热心观众"评选活动

天然舞台广场演出拥有一批忠实的观众，结合上述两项活动，让观众看演出、写观感，通过字里行间折射出的文艺激情，促进天然舞台的各方面质量得以快速提升，从而成为甬城百姓心目中的梦想舞台。

# 群众视觉的盛宴 文化惠民的平台
——2012群星璀璨·全国群众美术书法摄影优秀作品展华彩启幕

2012年岁末年终，一场承载着全国群众文化视觉爱好者热切期盼的视觉盛宴经过半年多时间的孕育，终于在浙江宁波美术馆华彩启幕。由全国26个省(自治区、直辖市)文化部门层层选拔、国内著名专家严格筛选、代表当前群众视觉艺术最高水准的360幅优秀美术、书法、摄影作品揭开面纱，向群文界及社会公众开启。

12月18日，宁波美术馆展览大厅喜气洋洋，嘉宾云集，前来观展的相关领导，来自全国各地的文化工作者、视觉艺术从业者以及闻讯赶来的普通百姓络绎不绝。这个由文化部公共文化司、浙江省文化厅主办的"2012群星璀璨·全国群众美术书法摄影优秀作品展"是近年来我国群众视觉艺术的一次集中展示，也是宁波市举办的一次规模最大的群众性静态艺术集中展示活动，其火爆的场面给已经步入冬季的宁波带来了一股浓浓春意。

## 全国群众视觉艺术创作的厚积薄发

三年一届的群星奖是文化部设立的社会文化最高奖,其权威性、艺术性和广泛性得到各级政府、文化部门、专家评委和广大群众的充分肯定,所以它不仅是政府部门对群众文化创作者的一次肯定,更是全国群文工作者专业实力的一次高水平的大比拼。

自2007年的第14届起,全国群星奖评选的项目设置作了若干调整,使得美术、书法、摄影创作作品淡出群星奖评选,而作为群众文化领域有着深厚历史积淀并深受大众喜爱的群众视觉艺术创作,却始终涌动着巨大的创作热情。这次由文化部公共文化司、浙江省文化厅主办的"2012群星璀璨·全国群众美术书法摄影优秀作品展"得到了全国群众视觉爱好者的热烈回应,可以说是自第14届群星奖之后全国群众视觉艺术创作的一次厚积薄发。

据活动主办方透露,此次参赛作品之众多、创作题材之丰富、参与人数之庞大均为近年来所少见。为此,活动组委会不得不对各地选送的作品进行限量,如规定美术、书法、摄影作品每类仅限10件,增加了各省(自治区、直辖市)层层选拔、好中选优的环节。同时对各个艺术门类的作品不分题材,不分形式,以艺术功力为标准。以美术作品为例,本次展览就涵盖了中国画、油画、版画、水彩、年画、连环画、宣传画、漫画、漆画、插画、农民画等10多个种类,大大增加了作品参选和获奖的难度。

担任本次摄影作品评委的《法制日报》美术摄影部主任、高级记者居杨表示,这些群众性的摄影作品,摄影语言运用水平高,反映火热的现实生活,具有一定的艺术水准。她认为,好的摄影作品就该包含着情感,特别是在这个全民摄影时代,更考验摄影者如何表达自己的思想情感,对事件细节的把握,以及是不是能抓住好的瞬间。而这次众多的摄影作品无疑传递了这方面的信息。书法类作品评委、浙江书法家协会副主席鲍贤伦认为,这次书法作品整体能代表全国水平,也有些非常引人注目的好作品,

但就不同的书写类型来看,还是有些"参差不齐",像行草的水平要明显高于篆隶和楷书。担任美术作品评委的中央美术学院油画系教授马路认为,艺术创作都是作者独特生活体验的艺术呈现,能从画中看到对生活的感受就是好的作品。这次展览跟以前参加过的群众艺术评奖相比,专业化程度更高了,这是一个可喜的进步。

## 宁波视觉艺术创作群体渐渐崛起

这样一次高规格、大规模的全国性群众视觉艺术活动能够花落宁波,也彰显了宁波群众视觉艺术创作的良好氛围和深厚的群众基础。近年来,在宁波市文化广电新闻出版局的有力支持下,在市文化馆的努力探索下,宁波市群众视觉创作群体渐渐崛起,涌现出不少精品佳作,区域文化品牌影响力越来越大。

一批中青年群众视觉工作者集体发力,成为宁波群众视觉创作群体的中坚力量。据统计,目前宁波市群众视觉工作者中,有全国级会员153人,省级会员506人,在全国专业的美术书法摄影比赛中,宁波群众视觉创作群体不断发起冲击,取得不俗成绩。比如在全国第11届美术作品展览中,宁波市有9件作品入展,1件作品获优秀提名奖,1件作品被美展主办方中国美术馆收藏。中国美协主办的上海国际水彩画双年展基本囊括了全世界优秀水彩画家的作品，整个展览包括国内137件、国外101件，在如此高难度的国家级展览中，宁波市有4件作品入选。在中国美协主办的"金陵百家"油画展和"中国西部土地情"油画展中，宁波有2个作品斩获金奖。在第9届全国水彩粉画展中，宁波市共有10多件作品入展，其中1件作品获最高奖——中国美术提名

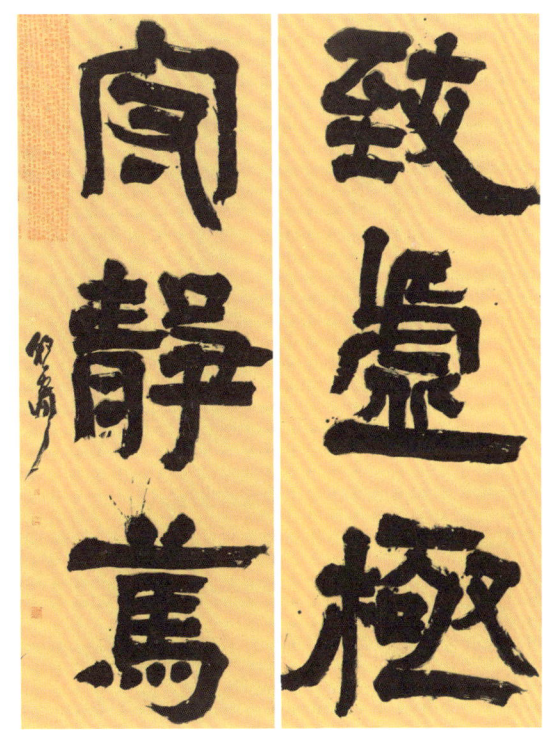

奖。在国家级摄影比赛中，宁波的摄影工作者屡获大奖，如上海国际摄影周暨上海第10届国际摄影艺术展览金奖、中国第13届国际摄影艺术展览银奖等。此外，多位群众摄影工作者获《大众摄影》全国十佳摄影师称号，多位书法工作者获全国中青年书法篆刻家作品展、楹联书法大展提名奖，书法、篆刻作品20余次入选中国书法家协会主办的兰亭奖、全国篆刻展、当代篆刻艺术展、楹联展等展览。

一些富有特色的优秀创作群体也在中青年骨干的引领下，在全国及省内外视觉艺术领域放射着耀眼的光芒。如宁波市鄞州区美术创作群体于今年9月10日在中国美术馆举办"江南新韵优秀作品展"，鄞州区48位美术家创作的100幅作品齐齐亮相全国最高美术殿堂；宁波市北仑区海晨影像创作群体每年有100余幅作品在省级以上摄影比赛和展览中获奖或入选，有100多幅作品在《大众摄影》、《摄影世界》、《摄影与摄像》、《人

像摄影》等全国性专业期刊上获奖和发表。基层示范点是宁波市文化馆培育视觉创作优秀群体的一个创造性举措。自2003年建立宁波市第一个视觉艺术基层示范点——象山丹西街道丹山书画会以来，在短短几年时间里，宁波余姚市印泉书画社、宁波奉化萧王庙街道林家村的耕人书会、宁波象山县农民画传承基地、宁波慈溪市掌起镇书画协会等23个植根本土的基层美术、书法、摄影活动示范点在宁波城乡全面开花，通过有针对性的专业辅导、成果展示、交流互动、考核评估等，激活了基层视觉艺术群体的蓬勃热情，其各具特色的艺术创作成果也拓展了宁波市视觉创作群体艺术创作的视野。

  如火如荼的群众视觉艺术活动为宁波群众视觉创作群体搭建了良好平台。宁波市十分重视视觉品牌活动的持续打造，如起始于1999年的两年一届的宁波市十佳摄影评选活动，迄今已连续举办了7届，评选出来的宁波十佳摄影工作者都成为群众摄影爱好者的偶像。宁波摄影季赛活动则是宁波市一个跨年度的群众性摄影活动，自2008年创办以来，共有1500多位作者的1.7万多幅作品参加，每季的优秀作品评选、年度作品展及年度冠、亚、季军评选都成为摄影爱好者关注的焦点，持续4年的品牌打造使得一大批题材广泛、视觉画面生动、艺术特色鲜明的新人新作蓬勃涌现，对丰富和繁荣宁波摄影艺术和群众性摄影活动起到了积极的推动作用。宁波市还充分利用节假日策划主题明确、创意新颖的综合性视觉文化活动，让更多群众在参与中接受艺术的熏陶，进而从视觉艺术的欣赏者转化为视觉艺术的创造者。比如组织市书法名家下基层开展写春联、送祝福活动，策划组织万人迎春大型书法活动，而以独特构思展示的宁波市年画高手徐朝龙坚持58年画传统年画故事的"年画传奇——徐朝龙年画精品展"，更是把群众性美术活动指向挖掘宁波地域文化和民间艺术家上来，使得群众的参与热情更趋高涨。同时，积极承接参与全国、省级视觉活动，举办各类展览和出版系列画册等，为宁波视觉创作群体提供展示才华的广阔舞台。如承办省首届青少年书法篆刻大赛、与人民美术出版社合作推出本地作者系列画集、创作群体精品画册等，通过多种渠道提升宁波视觉创作群体的水平和社会知名度。

## 打造"群星展厅"公共文化惠民品牌

正当宁波美术馆激情展示全国群文界优秀视觉艺术作品的同时,在位于宁波著名风景区的月湖大方岳第,"群星展厅"迎来了它的百期回顾展。这个由宁波市文化馆创办的群星展厅,开展4年来业已成为宁波百姓家喻户晓、省内外有口皆碑的公共文化惠民品牌,并在不久前浙江省公共文化服务创新奖评选中斩获一等奖。群星展厅所倡导的"让艺术家办得起展览,让老百姓看得起展览"以及"我的展厅我做主"的理念成为植根于宁波群众文化工作者心中一个挥之不去的责任和一份沉甸甸的使命。

坚持免费服务与长期坚守相结合,培育群星展厅超级粉丝,是群星展

厅成为公共文化惠民服务品牌的先决条件。宁波市文化馆在群星展厅创办之初，就提出了"公益为先，服务为大，以最少投入办最好展览"的目标。展厅不仅免除参观者费用，还同时免除办展者费用。这种"双免费"做法不只是培养了地方艺术爱好者，为一座城市培育了美育之风，同时也为一些有实力、有特色，但无艺术家名分和经济实力的作者提供了展示个人艺术作品的机会。办一两期展览容易，长期坚守却难。面对这一难题，宁波市文化馆对地方资源进行了整合，并以形式多样的选展、送展、单展、合展、联展、群展、节庆展、教学展、友谊展、汇报展、邀请展、协作展和巡回展等，确保了群星展厅在宁波生根开花结果。自2008年开展以来，展厅始终保持每月至少两期的办展频率，迄今已办展117期，有300余位视觉工作者、爱好者的7000余件视觉艺术作品展出，参观者达17万余人次。

坚持主题展览与多元展览相结合，确保群星展厅精彩纷呈，是群星展厅成为公共文化服务品牌的经典之笔。为丰富群星展厅展览，使展览内容有看头、观众有盼头，宁波市文化馆在展览策划中引入"展览季"理念，即提前半年或一年厘清展览季日程，分主题与时段展览、固定与灵活展览等。每年相对固定的有"元月新春展览季"、"三月女性展览季"、"六月少儿展览季"等等。实践证明，展览季理念的运用，既整合了资源，又方便了运作，几年下来，已有省内外作者、观众和社团组织要求提前预订展览，有的热门展览出现了五六个社团争相预约的情况。而多元展览则体现在两个方面：一是作者、形式与主题的多元，在注重艺术质量的同时，更强调艺术的普及；二是展览的形式与空间的多元，充分注重表达群星展厅"大展览"概念，既可以在常年固定的月湖景区展出，也可以"走出去"，移动办展览。

坚持开放办展与联盟办展相结合，形成群星展厅资源集聚效应，是群星展厅成为公共文化服务品牌的亮点所在。群星展厅自开展以来，一直倡导开放、联盟原则，既对群文视觉工作者开放，也对视觉专业工作者开放；既对群文系统内的兄弟单位开放，也对群文系统外的机关企事业社团组织开放；既对有艺术专长的个人开放，也对民间草根社团开放。市文化馆还充分利用群星展厅这一公共文化惠民品牌，实施群星展厅公益联盟，整合全市各县(市)区文化部门的展览资源和民间视觉展览资源，形成了上下联动、内外互助的生动局面，把群星展厅公共文化服务品牌做大做强。

坚持服务人性化和宣传立体化相结合，扩大群星展厅社会影响力，是群星展厅成为公共文化服务品牌的百姓情怀。展厅推出4年多来，不仅注重在软硬件方面下工夫，还始终注重个性化的服务细节，对于不同的展览，会根据不同的需求细化服务方案。4年多来，群星展厅的小小留言簿上记载了9200多条观后感，从不同视角表达了群众对群星展厅的喜爱与赞美。此外，群星展厅不满足于一般的展出服务，还强化与媒体的联动，通过数字展览、网民投票、短信互动等立体化的宣传形式，最大限度地满足公众的文化需求。

加快建设公共文化服务体系，拓展和提升基层文化，是贯彻党的十八大精神和全面落实科学发展观的具体体现，是全面建成小康社会、构建社会主义和谐社会的必然要求。如果说群星展厅是国家公共文化服务体系建设实践中一块还算成功的试验田的话，那么伴随着"2012群星璀璨·全国群众美术书法摄影优秀作品展"的华彩启幕，宁波的群众视觉工作必将吸纳更多的艺术养分，提升更好的服务品质，在探求公共文化惠民服务的进程中越走越宽广。

（该文原载2012年12月24日《中国文化报》，作者：黄霞芬）

# 宁波非遗十年路：亲近，传承，共享

日前，由浙江省宁波市文化馆主办的首届阿拉非遗汇精彩落幕，来自杭州、湖州、温州、金华等地的中华老字号近30项和宁波优秀非遗项目近40项进行了展示。此外，非遗项目展演、非遗课堂培训、非遗小卫士才艺大赛等互动活动，共吸引了2.5万余名群众的热情围观。阿拉非遗汇让宁波百姓在国庆长假玩出了文化范儿。

"亲近，传承，共享"是宁波市文化馆在首届阿拉非遗汇上提出的响亮口号和活动主旨，这也正是对宁波非遗传承与保护工作十年发展历程的总结和提炼。

## 非遗汇：一场开放创新的文化盛会

多年来，宁波市文化馆、宁波市非遗保护中心一直致力于探索以政府为主导，社会力量共同参与的公益活动模式，不断尝试与不同的社会主体共同投身非遗保护工作。阿拉非遗汇是宁波市文化馆、宁波市非遗保护中心精心策划举办的一项创新活动，延续了宁波市文化馆一直以来遵循的开放创新、联合社会主体共同参与的运作理念。由于独具匠心的创意设计，首届阿拉非遗汇受到了宁波文化广场管理部门的盛情邀请，在双方的通力协作下，非遗汇活动也成了文化广场市民文化节中的最大亮点。本届阿拉非遗汇还邀请了浙江省老字号企业协会、宁波移动电视等社会力量的加盟与合作，共同打造了这场宁波有史以来规模最大、项目最多、覆盖最广的非遗展示展演盛会。

首届阿拉非遗汇将"亲近，传承，共享"作为活动主旨，并将这一理念融入各项活动的创意中。大量中华老字号企业的进驻，是本届非遗汇的一大亮点，他们中的不少项目已入选国家级非遗名录。入选人类非物质文化遗产代表作名录的中国传统蚕桑丝织技艺项目的保护单位杭州福兴丝绸厂，就将一架3米长的杭罗织造机搬到了非遗汇现场，令宁波

观众大开眼界。宁波汤团制作技艺的保护单位组织了汤团免费品尝活动,引来众人争相排队。这些具有深厚群众基础的老字号,给本届非遗汇带来了超强人气,很好地体现了非遗汇的活动宗旨。

在"薪火相传——优秀非遗项目展示"活动中,余姚土布、慈城水磨年糕等项目的传承人,不仅带来了自己的特色产品,还在展会现场展示了传承百年的老手艺。"古今风韵——优秀非遗项目展演"的舞台前,围满了高举相机和手机的市民,不少家长把孩子扛在肩头,争相一睹宁波奉化、北仑等地民间艺人带来的穿山造趺、木偶摔跤、龙舞狮舞等精彩表演。

这场亲近传统、传承文明的文化盛会受到了宁波百姓的热烈追捧,从奉化赶来的裘女士和朋友围着制作越窑青瓷的展位,一边拍照一边赞叹:"头一次看怎么做青瓷的,这机会太难得了,看也看不够。"衢州邵永丰麻饼、宁波桑洲麦饼等展位前大排长龙,师傅们忙得午饭都顾不上吃。原定于下午4点的撤展时间被一推再推,不少市民直到晚上6点还不肯离去,

不停地追问工作人员:"这样的活动阿拉太喜欢了,明年还有吗?"

## 亲近:搭建让百姓了解非遗的公益平台

揉、搓、捏、按……近30位小朋友在面塑老师曲海田的指导下,学得有模有样。姜同学举起刚刚做好的风车,兴奋地说:"玩自己亲手做的玩具太有成就感了。"除了数十项非遗项目展示和表演,宁波市非遗保护中心还将自创品牌活动"非遗课堂"搬到了非遗汇现场,上至六七十岁的老人,下至六七岁的孩子,近百名市民跟着传承人学起了纸风车、粽叶编织、面塑等手工技艺,教学现场堪称火爆。

"非遗课堂"作为一个让百姓了解非遗、亲近非遗的公益平台,2013年初由宁波市非遗保护中心与海曙、江东、江北、鄞州、镇海、北仑6区文化馆联合打造,充分整合全市非遗资源,大范围、大力度地向民众推介非遗项目,让有兴趣的市民能在家门口学习非遗技艺,以更周到的服务让民众享受真正的实惠。"非遗课堂"课程内容丰富，包括风筝制作、四明内家拳、宁波金银彩绣、宁波菜烧制技艺、奉化布龙表演等。2013年上半年，人气火爆的"非遗课堂"开班200多期，培训学员6000余人次，备受欢迎的宁波菜烧制技艺一门课程就开了3期，培训学员近百名，还不断有人要求加课。

  传统节日活动、文化遗产日活动、非遗进社区活动都是为老百姓亲近非遗搭建的通道。春节、元宵节的灯谜活动，清明节的风筝制作技艺培训、放风筝活动，端午节的传统手工技艺展示，中秋节的曲艺专场演出……每一个传统节日，宁波市文化馆、宁波市非遗保护中心都要组织相应的主题活动，让非遗项目、传承人与广大市民亲密接触。2013年的"品味端午，传承文明"端午节活动，参与群众达20余万人次，让人们近距离感受了宁波非遗的魅力。活动当天下午2点的演出，传承人们早上10点多就赶到了现场候场，满头银丝的老观众更是中午12点就在台下坐定，不舍得离开一步。传承人登台表演的机会有限，观众能欣赏到本地原汁原味非遗表演的机会也属难得，因而双方都格外珍惜这短暂而珍贵的时光。

## 传承：开创非遗保护的宁波模式

  开展非遗相关活动可以达到普及非遗知识的目的，但要做好传承工作，则必须将培养后继人才落到实处。通过10年的探索和总结，宁波成功地推出了社会传承与学校传承两种方式，开创了非遗保护的宁波模式。

### 社会传承："三位一体"保护

  2009年，宁波市为了解决非遗"重申报，轻保护"的难题，创造性地推出了项目、传承人、传承基地"三位一体"的保护模式。2010年，首次将"三位一体"的概念应用在第三批市级非遗名录评审中，要求申报市级非遗名录的项目必须有传承人和传承基地。这一举措使宁波市在非遗保护工作上迈进了一大步，非遗保护工作走上了更加完善的可持续发展轨道。目前，宁波市在"三位一体"的保护模式下，市级以上非遗项目171项，对应208个传承基地。这些承载着传承使命的基地有企业、文化单位、专业团体、村委会、学校等。在宁波工艺美术史上久负盛名的朱金漆木雕、泥金彩漆、金银彩绣、骨木镶嵌合称"三金一嵌"，近年来，这4个项目经过申报名录、命名传承人、确定传承基地等一系列举措，成功探索出了一条以厂带馆的保护之路。朱金漆木雕传承基地通过工作带徒、与学校合作等方式培养传承人，制作队伍已经发展到60余人。朱金漆木雕、金银彩绣等非遗项目还相继建成了艺术馆，并免费向公众开放。

今年，宁波市又成功创建了非遗"三位一体"的评估体系，通过一系列细化的评估指标，使"三位一体"的保护模式得到了进一步深化。

**学校传承：非遗进校园**

非遗传承要解决的重要问题之一就是接班人的问题。宁波市非遗保护中心利用学校提倡特色办学的契机，让非遗项目与学校结亲，兴起了一股非遗进校园的热潮。姚剧的传承基地余姚市肖东第一小学的徐校长说："把非遗项目引入到学校的教学工作中，既能让学生了解家乡文化，又能提高学生的综合素养，这是双赢。"

在文化、教育主管部门，以及传承人、学校等各方的推动下，宁波市现有超过1/5的非遗项目在校园落地生根，内容涉及民间文学、传统音乐、传统舞蹈、传统戏剧、传统美术、传统技艺等8个类别。

此外，宁波市非遗保护中心还面向小学生举办讲座、观摩、展示、展演等活动。今年暑期，第二期"非遗小卫士"培训班组成了少儿内家拳队和少儿舞龙队两支品牌团队。由9名男生和7名女生组成的少儿内家拳表演队，还在本次阿拉非遗汇开幕当天登上了"古今风韵——优秀非遗项目展演"的舞台。目前，已有数千名"非遗小卫士"活跃在宁波的非遗保护领域。

## 共享：非遗成为走向世界的特色名片

近年来，宁波非遗保护与传承工作，不仅在活动开展和机制创新等方面亮点纷呈，更以多种形式频繁亮相国内外文化交流的舞台，成为宁波文化走向世界的一张特色名片。

在宁波各类对外文化交流活动中，非遗始终是不可或缺的重要成员。从2008年土耳其的伊兹密尔国际文化节和库布克国际文化节，到2011年

韩国大邱友好城市日,再到2013年德国法兰克福宁波旅游推介会,朱金漆木雕、奉化布龙、青瓷瓯乐等一大批宁波非遗珍品远赴法国、英国、奥地利、匈牙利等10余个国家和我国台湾地区进行文化交流活动,成为当地民众喜爱和关注的焦点。

在上海世博会、义乌文博会、深圳文博会、青海唐卡艺术与文化遗产博览会等盛会上,宁波的非遗企业和产品也得到了极好的宣传和推动。宁波金银彩绣传承基地就是借此带动企业研发出了香袋、女士钱包等服饰配件和文化礼品,同时创作了《甬城风情图》、《博古四条屏》等多幅获奖作品。

此外,以本土非遗为素材的文艺作品,更成为宁波文化舞台上的新宠。从宁波市文化馆创作并勇夺文化部群星奖的音乐作品《阿拉村里的巧匠郎》和《艾格伦登呦》,到宁波市歌舞团创排的舞剧《十里红妆》,再到新近亮相京城的歌剧《红帮裁缝》，无不在宁波非遗宝库中汲取了营养。10月15日首届阿拉非遗汇的压轴表演——甬剧非遗小戏展演，则是宁波市甬剧团在非遗保护过程中发掘出的传统剧目代表作。演出将4出濒临失传的滩簧小戏重现舞台，关于这场演出的每一则消息，都深深牵动着宁波百姓的心。

首届阿拉非遗汇不仅让百姓饱了眼福和口福，还给宁波与省内外非遗项目搭建了一个极好的交流平台。不少老字号在传承保护工作的先进做法，也给宁波的非遗保护工作提供了鲜活的经验。透过这场汇聚众多非遗精粹的展示展演盛会，大家也欣喜地看到宁波非遗的未来必将拥有更广阔的发展空间。怀揣着"让百姓亲近非遗，让文化传承发展，让人类共享成果"的美好憧憬，宁波非遗将从这里再次出发，走向下一个更加辉煌的十年！

（该文原载2013年10月14日《中国文化报》，作者：郑志玥、李双）

# "群星"灿烂耀三江
## ——记宁波市群众文化服务品牌

近日,许多市民在市文化馆"群星舞台"踊跃报名,参加2011宁波市"天然舞台·我来秀"才艺大赛的第三场海选,这一不设门槛、不限门类的才艺大赛被大家称为"宁波的星光大道"。

我市群众文化服务已经形成"群星"系列品牌,除了"群星舞台"、"群星课堂"、"群星展厅"、"我们的节日"等已成为群众文化服务的重要载体,令基层群众文化活动涵盖了公益培训、展览展示、文化交流等方面,践行着"人人参与文化、人人建设文化、人人享受文化"的服务理念。

今年2月18日,市文化馆在全国美术馆、公共图书馆、文化馆(站)免费开放工作电视电话会议上介绍经验,文化部部长蔡武指出:"宁波市群艺馆本着'面向基层、面向群众、文化惠民'的宗旨,针对社会不同阶层、不同年龄层次群众的文化需求,倾力打造'群星课堂'公益培训,免费开放展厅和排练场所,定期举办各类知识讲座,大幅增加群众性辅导、培训。"

今年7月,在全国文化厅局长会议上,蔡武部长再次表扬:"宁波市群艺馆开展'群星课堂'、'群星展厅'等多种服务形式,实现了文艺培训'零门槛'、艺术享受'零距离'、百姓明星'零接触'。"

## 群星课堂:百姓身边的课堂

今年7月11日,外来工子弟暑期免费艺术培训班在市文化馆开班,在3周时间里,20多名孩子在老师的带领下,或在舞蹈训练房内学习跳舞,或在音乐室练习发声、学唱歌曲,或在美术教室挥动画笔。

这是"群星课堂"每年暑假推出的"小候鸟"公益培训的一个缩影。从2007年推出以来,"群星课堂"采用文艺普及与特色培训相结合、市馆与各县(市)区馆联动的形式,已举办免费文艺培训2000余场(次),有10万余人参与。

在企业、社区、外来务工人员聚居地、民工子弟学校和大学校园,剪纸、香袋、风筝制作等手工艺培训,素描、国画、书法、摄影培训,秧歌、藏族舞、傣族舞、广场舞、街舞等或时尚或古典的舞蹈培训,美声、民族、通俗等声乐培训……"与春共舞"、"夏日激情"、"金秋叙情"、"相约冬季",一年四季不间断的培训课程让市民在家门口就可得到艺术熏陶。

除了常规培训,"群星课堂"还推出了"名师专修班",今年"名师专修班"上,国内、省内的音乐、舞蹈方面的专家钱建隆、夏国民、毛光正、李炽强等前来授课,提升了"群星课堂"的培训档次和质量。

今年,市文化馆的舞蹈老师还为来自青岛的70余名艺术骨干教授"百姓健康舞"。"群星课堂"不仅实现了宁波与青岛两座城市的互动,还把公益培训的理念延伸到更广阔的空间。

「群星」灿烂耀三江

## 群星展厅：百姓美术馆

8月3日，月湖大方岳第"群星展厅"内，来自金华、东阳的书法家30余人，与宁波的书法同道一起举行"山海之约"鄞州——东阳书法联展，省书法家协会副主席赵雁君认为，这样的交流，对两地书法风格的融合与借鉴起到了积极作用。这是宁波群众文化首次实行"文化走亲"，建立了一个本土与外地文化交流的平台。

2008年推出的展示公益艺术的"群星展厅"全年免费对外开放，为视觉新锐和草根艺术家免费策展、布展、办展，至今已举办各类展览85期，观众20万余人次，被称为"百姓美术馆"。

虽然没有专业美术馆的硬件设施、经费投入，但是一句"我的展厅我做主"的个性口号，精准地为"群星展厅"定位：展示者和观众是这里的主角。

"群星展厅"于是成了宁波草根艺术家亮相的平台，王爱国的根雕、施建华的农民画、杨明明的工笔画、徐敏杰的麦秸画、杨炳坤的油画、赵燕的岩彩画等，30余位优秀的草根艺术家成就了自己的艺术之旅。

"群星展厅"也成为宁波视觉艺术人才展示的舞台，画家鲁峰的"画荷专题展"、年画高手徐朝龙的"年画精品展"、浙江书法最高奖——"沙孟海奖"获得者胡朝霞的"书法作品展"等高品位的艺术作品触动了观众的心灵。"这样的展览，没有商业，很纯净"，"文化惠民，催人奋进"，"感到宁波文化的厚重，为宁波的发展喝彩"……现场的5300余条留言中，全是这样感人的词句。

## 群星舞台：宁波的"星光大道"

6月26日，"永远跟党走——宁波市庆祝建党90周年大型广场歌会"在中山广场举行，来自全市11个县（市）区的19个节目闪亮登场，参加活动的演员超千人,大场面、大气势、强互动给观众带来了强烈的视觉感染与心灵震撼。

"群星舞台"是一个为有舞台梦想和演艺才华的市民打造的舞台,同时实现着"文化惠民"的理想。2009年、2010年连续两年举办的"我是明星"超级演艺选秀活动,每次历时两个月,有数千名群众参与。2010年"群星舞台"承办的全国越剧戏迷超级挑战赛,成为第二届中国越剧节期间最具特色的一个项目。

如今,全市有50多支业余文艺团队常年活跃在"群星舞台"上,对培育群众文艺团队起到了"孵化器"的作用。每年"五一"、"十一"假期,业余文艺团队的歌舞、戏曲、小品、魔术等广场演出成为一道耀眼的文化风景线,一大批"草根明星"从这里破土而出,一大批优秀作品登上国家级文艺赛事的领奖台。去年5月在广州举行的第十五届群星奖上,我市选送的组唱《艾格伦登呦》、女声表演唱《网络女孩》、广场舞蹈《九龙柱》等获"群星大奖",获奖总数在浙江省名列前茅。

## "我们的节日":传统节日"重头戏"

今年6月6日端午节,"我们的节日·端午——中华长歌行"特别节目在央视1套、4套、10套滚动播出,东钱湖龙舟竞渡、天一阁端午诗会、慈城端午节庙会等洋溢着浓浓宁波风情的端午习俗展示在全国观众面前。

我市持续打造"我们的节日"这一群众文化品牌,通过一系列传统文化活动寓教于乐,让群众深刻体会了传统节日的文化内涵,同时激发着大家的民族自豪感。

元宵节镇海赏灯猜灯谜、宁海看抬阁闹古亭、象山舞渔灯,各地元宵胜景闹猛;清明节吃青团、放风筝、祭先人;端午节包粽子、做香袋、喝雄黄酒、赛龙舟、吟诗作赋;中秋节赏月吃月饼……借助于"我们的节日"系列活动,中国传统文化不知不觉渗透到群众的日常生活中,深深的爱国情怀也在潜移默化中植根于百姓心中。

在市文化馆"群星"灿烂的文化服务品牌引领下,我市各地也涌现了一系列各具特色的群众文化服务品牌,如海曙区的"家门口文化"、"百姓文化课堂"、"社区文化博览会",江东区的"社区文化艺术节"、"百姓艺术课堂"、"百场文化进社区",江北区的"田园城市大舞台"、"相约老外滩",鄞州区的"群众文化艺术节",镇海区的"雄镇大舞台"、"雄镇展厅"、"雄镇课堂",北仑区的"海享大舞台",慈溪的"百姓课堂"、"十大青年歌手大奖赛",象山的"流动文化馆"、"半岛展厅",余姚的"四明阁戏曲馆"、"舜江之夏艺术博览月",奉化市的"广场文化活动",宁海县的"农民文化艺术节"等,无不丰富着我市群众的文化生活,也丰富着公共文化服务的内涵。

(该文原载2011年11月14日《宁波日报》,作者:陈朝霞)

## 2012阿拉音乐节：一场公共文化的盛宴

近年来，宁波市文化广电新闻出版系统大力实施公共文化惠民工程，持续扩大"天然舞台"、"群星展厅"、"天一讲堂"等文化服务品牌的辐射力，着力提升中国（宁波）农民电影节、"海上丝绸之路"文化节以及宁波国际港口文化节、中国象山开渔节、中华慈孝节等文化节庆活动的影响力，借助"三馆免费开放"的契机，充实提升公益性文化场馆的服务内容和水平，全年开展遍布城乡的文艺展演汇演、高雅艺术演出、精品文化展览、公益文化讲座达6500余场，送戏、送电影下乡27500多场，让宁波百姓尽享公共文化服务带来的幸福与快乐。

随着"十二五"文化规划的深入推进，打造个性化、品质化、品牌化的公共文化服务产品，成为宁波市构建公共文化服务体系新的着力点。今年，由宁波市文化馆主办的2012阿拉音乐节，作为首个宁波城市音乐文化项目，以提升宁波城市文化品质为己任，立足本土、打造品牌、社会联动为宗旨，围绕"乐玩越年轻"的活动主题，开创出宁波人自己的音乐文化新天地。

## 全新的运作模式　精准的品牌定位

近些年,随着"群星课堂"、"群星展厅"、"群星舞台"三大项目的相继推出,宁波市文化馆自主创意、自主打造、自主运作文化品牌项目的能力日益凸显。2012年初,在宁波市文广新局的大力支持下,市文化馆针对群文活动对年轻群体缺乏吸引力的问题,创意策划了以音乐为主题、以年轻人为关注对象的2012阿拉音乐节,围绕"乐玩越年轻"的活动主题,让音乐节的每个参与者玩转音乐、玩出精彩、玩得年轻!

在运作模式方面,因为有着"迷笛音乐节"、"草莓音乐节"等多个城市音乐项目的成功范例,2012阿拉音乐节充分借鉴先进经验,大胆尝试政府主导、市场参与、社会支持的运作方式,一举打破了群文活动的传统套路,展现出更加灵活的运行空间。

以文化惠民为根本宗旨。2012阿拉音乐节牢固树立政府主导的地位,充分展示市文化馆公益文化服务的特长,联合宁波书城、斯博睿文化、梦想家音乐等多家文化主体,以多种形式参与到这场声势浩大的音乐惠民行动中,以打造文化惠民品牌为目的,让更多群众参与音乐节,让音乐节的成果惠及更多百姓。以综合项目整体策划。2012阿拉音乐节是一个以音乐为核心的综合文化项目,在充分研究外地成功经验的基础上,市文化馆综合多位文化专家、专业文化公司的创意亮点,策划完成了包括街舞、原创音乐、本土歌手、高校乐队以及中国好声音优秀学员等众多音乐元素在内的整体项目方案。以整合资源为基本手段。2012阿拉音乐节十分注重向社会借力,首次将文化公司擅长的市场评

估、媒体运营等积极引入，通过整合多方社会资源，极大地强化了自身的运作能力，实现了活动组织、媒体推广、市场运行的全方位出击。

在品牌定位方面，2012阿拉音乐节有着自己独特的理解。为了树立有别于其他城市音乐活动的主题内涵，阿拉音乐节将"阿拉"这个核心定位做足做深做透。"阿拉"不仅是宁波地域文化的象征，更包含让每个人都成为音乐节主人的活动主旨。

"阿拉"是参与主体。2012阿拉音乐节要让宁波音乐人、宁波的音乐作品、宁波的歌手乐队、宁波的音乐爱好者一一登台亮相，展示阿拉的音乐风采。"阿拉"的音乐元素。宁波本土音乐人创作的主题歌曲《阿拉A》、《乐玩越年轻》，改编经典《采茶舞曲》，并由宁波歌手、宁波乐队倾情演绎，在"乐玩越年轻"大型欢唱会上，与中国好声音优秀学员一起火力开唱。"阿拉"要普惠大众。2012阿拉音乐节以文化惠民为出发点，除与书城联手推出"音乐书香月"文化惠民行动外，12月1日—3日晚在鄞州文化中心举行的欢唱演出，门票全部免费向群众派发。12月7日的"乐玩越年轻"大型欢唱会——中国好声音歌手走进阿拉音乐节也免费提供大量门票，以互动活动的方式赠送给热心的市民。

## 全媒体宣传平台　　多维度惠及百姓

11月22日，2012阿拉音乐节三场欢唱演出免费领取门票的消息刚一见报，就引起广大市民的强烈反响。短短一周，3000张门票被热情的宁波市民抢领一空。音乐节演出期间，无论是暴雨如注还是北风呼啸，连续三天场场爆满的演出现场，是2012阿拉音乐节最给力的支持。如此火爆的局面，如此热力的追捧，这与音乐节前期连续数月的密集宣传推广是分不开的。

2012阿拉音乐节设立了一整套宣传推广方案，以打造全媒体宣传平台为目标，在宁波营造出全民欢庆音乐节的火热氛围。传统媒体全程跟踪。2012阿拉音乐节与《宁波日报》、《宁波晚报》、《东南商报》、《现代金报》、《新侨报》等媒体建立起紧密的合作关系，通过召开媒体沟通会、制定周期性宣传方案、定点选题策划等方式，将音乐节期间的所有活动全程跟踪，达到预热和助推的良好效果。网络媒体专题合作。2012阿拉音乐节关注的对象是时尚、年轻的群体，网络媒体资源的充分发掘具有重要意义。音乐节与中国宁波网亲密携手，开设"2012阿拉音乐节"活动专题网页，除实时报道音乐节最新资讯外，更侧重参与性强的活动展示、网络投票等互动活动。其中，寻找"阿拉好声音"活动引起网友高度关注，十强选手的网络投票更是火爆，为阿拉音乐节欢唱演出起到了极佳的宣传预热效果。官方微博自主推广。为体现阿拉音乐节紧跟时尚流行的脚步，着重推出"2012阿拉音乐节"新浪微博，第一时间与网友进行音乐节实时互动。只要关注"2012阿拉音乐节"新浪微博，转发相关活动微博并@三名好友，即可参与互动，不仅可以获得最新鲜的音乐节资讯，还将有机会获得"乐玩越年轻"大型欢唱会的演出门票。自10月底微博开通以来，发布微博500余条，吸引粉丝7000余人关注，其中热门微博转发超4000次。

2012阿拉音乐节还设立了内容丰富、形式多样的活动内容，以惠及更多甬城百姓为目的，在线上、线下多维度掀起一阵又一阵音乐热潮。以音乐为核心，开展寻找"阿拉好声音"、"阿拉好乐队"、"阿拉的音乐故事"活动。其中最受欢迎的寻找"阿拉好声音"吸引了100余位宁波本土歌唱爱好者的热情参与，参与者不乏舞台经验丰富的实力唱将，也有从外地到宁波寻求发展的职业歌者。选手中年龄最大的50余岁，最小的仅5岁。以玩为主线，举办全国街舞邀请赛、阿拉好声音、青春乐队三场欢唱演出。阿拉音乐节将年轻人喜爱的流行音乐、乐队、街舞等潮流艺术样式融入进来，为喜爱时尚艺术的年轻人搭建展示平台，全方位展示宁波人玩音乐的不俗成果。主办方宁波市文化馆更是派出专业编导排练辅导，而且围绕他们的演出比赛内容精心策划、专题推介，宣传并展示宁波人的音乐品质生活。

## 中国好声音驾临　阿拉欢唱的盛会

作为2012阿拉音乐节主体活动的"乐玩越年轻"大型欢唱会——中国好声音歌手走进阿拉音乐节，将于12月7日晚在鄞州区体育馆盛大举行。早在一个多月前，消息灵通的好声音粉丝们便开始不停追问演出事宜，有关中国好声音歌手要来宁波的微博更是被疯狂转载。

直到演出前一周，出席2012阿拉音乐节的中国好声音歌手名单还在不断变化，他们火爆的演出邀约，密集到小时的行程安排，令主办方痛并快乐着。据悉，12月7日晚中国好声音优秀学员李代沫、金志文、关喆、徐海星、李维真、黄鹤、张玮琪将驾临阿拉音乐节现场，与宁波朋友共度"乐玩越年轻"大型欢唱会的欢乐时光。宁波观众不仅热衷于谈论他们令人惊艳的"好声音"，他们的音乐故事、生活经历都一样被关注着。

虽然演员名单几经调整，李代沫始终名列邀请歌手中的首选。一夜成名的李代沫在与徐海星PK赛中，意外失准却被商家看中，他与吉克隽逸被选中为电影《二次曝光》主题曲主唱，更让大家见识其歌唱实力，后代言数支商业广告被大众喜爱，最近甚至涉足电视剧的拍摄，俨然一副多栖的态势。他的一首《我的歌声里》传唱度颇高，粉丝群更是横跨中青少多个年龄群体，他此次出现在2012阿拉音乐节的舞台上，自然备受瞩目。

刚刚获悉原来铁定会到场的吴莫愁，因南京演唱会"风雨无阻"而感冒发烧令其宁波之行遭遇变数，着实让对这位"舞台怪咖"期待已久的宁波歌迷很受伤。然而，在主办方的极力争取下，新近甜蜜大婚的金志文以及与那英同台光脚飙歌的黄鹤，将接替吴莫愁双双出战阿拉音乐节。因重新演绎刘若英的经典曲目《为爱痴狂》，而受到导师杨坤力捧的金志文，凭借自己独特的编曲和饱满的情绪打破了之前刘若英留下的鲜明印迹，将这首本来旋律很平的歌曲演绎得此起彼伏、淋漓尽致。而他携手多年好友汤晓菲共同发布的对唱情歌《肩上蝶》，则给乐坛带入清新气息。再加上刚在海南风光无限的盛大婚礼，更是让他人气爆棚。

与金志文有着七年兄弟情谊的关喆也将到场。一副都市雅痞装扮的关喆，把一首《领悟》唱得不仅自己飙泪不说，更让刘欢、那英、杨坤以及庾澄庆四位导师集体转身抢人。与众多娱乐圈中大腕早有交际的他，因其歌其人备受关注，还被认为是继孙楠之后新派实力歌手。此次在阿拉音乐节上与金志文兄弟相见，他俩又将迸射出怎样的火花，观众们可要拭目以待了。

与宁波最有渊源的当属奶爸张玮琪了。一首《特别的爱给特别的你》让大家记住了这个头发卷卷的实力奶爸，曾用音乐和梦想与甬城结缘的他，有着转战宁波各大夜店的艰辛过往，面对曾经熟悉的城市、熟悉的朋友，不知他又会带来怎么的真情表白。

此外，饱受争议，至今各路传闻未息的徐海星，将带着成都妹子的坚韧与火辣登陆甬城；而哈尼族文王第十一代"王子"李维真的最新EP单曲《我想你了》也绝对值得期待。

"乐玩越年轻"大型欢唱会有了中国好声音歌手的鼎力加盟，自然魅力飙升，而堪称全国首创的大型欢唱模式也是晚会观看的一大亮点。本次盛会将打破传统演唱会明星演唱、群众观看的单一形式，中国好声音们将以嘉宾、领唱等形式全程参与欢唱活动，更与宁波本土优秀歌手、音乐人、乐队等全力互动，还要带领全场观众一起欢唱、一众狂欢。"乐玩越年轻"大型欢唱会所开启的全民音乐互动时代，必将为甬城百姓带来一个音乐与呐喊的不眠之夜。

本次欢唱会备受瞩目，不仅微博全程直播，更直接以转发评论即有机会抽门票形式回馈甬城热情音乐爱好者，此举一度让欢唱会官方微博粉丝暴涨；当然，送出多达百张门票也大大欢乐了甬城歌迷。主办方更特辟赠票专区，方便歌迷们友情互动为喜爱的歌者呐喊助威。据工作人员称，欢唱会现场还设有抽奖环节，所有惊喜礼品皆为苹果系列的数码产品。演唱会门票自11月13日起发售不久即被火爆抢购，甚至出现组团购票的高潮。

生活如歌，音乐无界。2012阿拉音乐节张扬起"乐玩越年轻"的音乐主张，在中国好声音倾情加盟、宁波本土音乐人激情演绎之下，经过多天的精心策划用心编排，必将呈现给大家一场堪称经典的音乐盛会。

（该文原载2012年12月6日《三江特刊》，作者：郑志玥）

# "乐玩越年轻"：中国好声音歌手走进阿拉音乐节

昨天，记者从宁波市文化馆获悉，宁波首个大型城市音乐欢唱活动——2012阿拉音乐节，将于11月30日至12月7日隆重举行。

## 玩转音乐，乐玩越年轻

2012阿拉音乐节作为宁波首个城市音乐文化项目，以立足本土、打造品牌、产业联动为宗旨，围绕"乐玩越年轻"的音乐主题，希冀开创属于宁波人自己的音乐狂欢新纪元。

据了解，本届音乐节主要活动内容包括："乐玩越年轻"万人欢唱会——中国好声音歌手走进阿拉音乐节、"大学生之夜"《I.Dream，相信》、"斯博睿之夜"《酷炫劲爆风》、"三江之夜"《阿拉好声音》、"音乐书香月"阿拉音乐节惠民行动、寻找"阿拉好声音"、"阿拉好乐队"、"阿拉的音乐故事"等八项音乐系列活动。

"整个活动围绕音乐这一主题，我们提出了'乐玩越年轻'的行动口

号。"负责本次活动的市文化馆郑老师说。此次活动以音乐为核心,通过寻找"阿拉好声音"、"阿拉好乐队"、"阿拉的音乐故事"征集活动,分享宁波人在音乐体验中的那些感动、励志与梦想故事。同时,以"玩"为基调。在外滩广场为宁波音乐玩家搭建舞台,通过高校乐队、街舞邀请赛、阿拉好声音等演出,全方位展示宁波人玩音乐的不俗成果;并重点关注城市中的年轻群体,将年轻人钟爱的流行音乐、乐队、街舞、涂鸦等诸多艺术样式融入音乐节,让每一位参与其中的人都能感受到年轻的激情与活力。

## 阿拉引爆万人欢唱会,李代沫、徐海星现场助阵

据市文化馆介绍,作为音乐节主体活动的"乐玩越年轻"万人欢唱会——中国好声音歌手走进阿拉音乐节,将于12月7日在雅戈尔体育馆举行。该活动打破了传统演唱会明星演唱、群众观看的单一形式,不仅邀请当下最火爆的中国好声音优秀学员关喆、李代沫、徐海星、张玮琪等实力唱将现场开唱,用时尚方式全新演绎的宁波经典音乐作品,还有宁波本土优秀歌手、音乐人、乐队等全力加盟,他们在晚会中将以嘉宾、助唱、演奏、领唱等形式全程参与欢唱活动,还要带领全场观众一起欢唱、一起狂欢。

"这个活动,我们的主角是'阿拉',他不仅是宁波地域文化的象

征,更包含让每个人都成为音乐节的主人翁理念。阿拉体现了宁波人与宁波音乐,以及音乐故事的一个文化代表。"市文化馆林馆长说。

"我们希望通过'乐玩越年轻'万人欢唱会,能够在宁波缔造全民互动的音乐新时代,为大家带来一个音乐与呐喊的不眠之夜。"

### @宁波阿拉音乐节,您将有机会来现场与明星一起欢唱

为体现音乐节年轻、时尚的特色,本届音乐节更着重推出"宁波阿拉音乐节"新浪微博,只要您第一时间关注"宁波阿拉音乐节"新浪微博,不仅可以获得最新鲜的音乐节资讯,转发相关活动微博并@好友,您还将有机会获得"乐玩越年轻"万人欢唱会的演出门票,与中国好声音的明星们一起欢唱,度过一个难忘之夜。

(该文原载2012年11月1日中国宁波网,作者:邵剑勇)

# 阿拉非遗汇：一场老宁波风情的盛会

非物质文化遗产是中华民族传统文化中的精髓，它承载的"真、善、美"的价值观早已融入每个炎黄子孙的血液。保护和传承"非遗"，体现的是一种文化自觉，更是一种历史责任。

5月3日下午4时，由市文化馆、市非遗保护中心主办的第二届"阿拉非遗汇"在宁波文化广场落下帷幕。看着工作人员忙着收拾各类"非遗"展品、开始拆解展位，观众纷纷举起相机，对着那些精巧别致的手工艺品拍摄，想以此留存一份珍贵、美好的记忆。一些小孩子在面塑、扎灯笼、糖画制作、粽叶编织等展位前更是流连忘返……

"阿拉非遗汇"是一种面向全社会集中展示我市各级优秀"非遗"项目、为市民与传承人之间搭建互动交流平台的一次文化集会。本届"阿拉非遗汇"共设展位近150个，展示了"百年老字号"、"中华手艺"、"传统女红"、"传统小吃"近80项我市优秀"非遗"项目及部分省内外"非遗"交流项目。为了激发市民的参与热情，主办部门还特意增设了"童趣拾遗——非遗课堂"手工技艺、传统游戏现场免费教学等内容。另外，活动期间还推出了一系列优秀"非遗"项目展演，如跑马灯、奉化布龙、渔民号子、经典折子戏等。

  这个"五一"小长假,阳光灿烂,宁波文化广场欢歌笑语,人气暴涨,"阿拉非遗汇"活动持续三天,为市民和游客奉献了一场热烈、精彩的文化盛宴。

## 传统小吃:阿拉小时候尝过的滋味

  5月1日是"阿拉非遗汇"活动开幕第一天。记者来到宁波文化广场,只见广场两边一长溜展位整整齐齐排开。展区分为"百年老字号"、"传统女红"、"中华手艺"、"地方小吃"四块区域。在地方小吃展览区,人头攒动,热气腾腾,观众围在摊位前饶有兴趣地观看缸鸭狗汤团、宁海桑州麦饼、余姚陆埠豆酥糖、奉化溪口千层饼等传统风味小吃的制作过程。擀面、摊饼、搓粉、拌料、调馅、下锅、出炉……传承这些传统小

吃制作技艺的师傅们当众一显身手，动作之麻利，手法之纯熟，让观众禁不住啧啧称奇。不一会儿，香甜润滑的宁波汤圆，温热酥脆的溪口千层饼，入口即化的陆埠豆酥糖，苍翠清香的桑洲麻糍糕……一一新鲜出炉，引得围观市民垂涎欲滴，忍不住掏钱购买。一些中老年市民边吃边交口称赞："味道真不错！这就是我们小辰光爱吃的东西，现在难得吃到了。"

家住华光城小区的严大爷虽然已78岁了，可前几天听说宁波文化广场有这样一场展示老宁波生活风俗的"非遗"活动后，非常兴奋，还约了两位老战友前来观看。他说，今天在这里看到这么多宁波传统小吃的制作技艺，还能当场品尝，真是既饱了眼福，又饱了口福。严大爷年轻时在山东当兵、工作，退休后才回到宁波老家颐养天年。他说："吃来吃去，还是阿拉宁波的东西味道赞！"是的，宁波汤圆、慈城年糕，这些地方小吃永远承载着阿拉宁波人的无尽乡愁，曾经让漂泊异乡的游子魂牵梦萦，思念如渴。这种强烈的乡土情结也许就缘于传统美食文化中蕴藏的强大的凝聚力和感召力吧？

## 舞台展演：感受民间艺术的魅力

为了烘托活动现场的气氛，满足老百姓"免费看好戏"的愿望，在这次"阿拉非遗汇"上，主办部门还精心设计了"非遗"项目舞台展演环节，每天上、下午分时段轮番上演。演出节目风格各异，有热情洋溢、喜庆吉祥的"跑马灯"表演，有豪迈奔放、旋律高亢的"渔民号子"表演，有身姿矫健、步伐灵敏的"奉化布龙"表演……

伴着激越欢快的锣鼓声，代表江东区的聂艳带着她的舞蹈队跑上广场的中心舞台，开始表演《跑马灯》。台上10多个演员穿着白色镶蓝的马头造型的舞蹈服，挥着马鞭、踩着鼓点欢快地跳起来。跑马灯节目取材于宁波传统民间小调马灯调，又融入铿锵有力的民间鼓舞，显示出万马奔腾、欣欣向荣的恢宏气势。台上演员们精神饱满，动作娴熟流畅，台下观众掌声不断……

市文化馆副馆长、市非遗保护中心负责人孔燕说，为了这次"阿拉非遗汇"的演出，演员们非常辛苦，起早摸黑地排练，为的就是让观众看到他们最好的表演。如活动开幕第一天，表演民间舞蹈"渔翁捉蚌"的鄞州区古林镇的万小清和队员，早上六点半就赶到了宁波文化广场进行走台、化妆等一系列准备工作。

## 传统游戏：重拾童年时代的乐趣

在本届"阿拉非遗汇"活动上，最有特色的一项就是"童趣拾遗——非遗课堂"的体验互动活动。人们在体验传统游戏的过程中，又重温了一遍童年的快乐时光。滚铁环、跳房子、踢毽子、捏面人、折纸、剪纸……这些传统游戏承载了多少代宁波儿童的美好记忆，然而，随着时光的流逝，社会的发展，在儿童的世界里，这些传统游戏的身影却越走越远，至今几乎难觅踪迹了。

如何唤醒人们深藏心中的这份童年记忆？如何让现代的孩子了解体验传统游戏的别样乐趣，并让他们感受中国传统文化的魅力？市文化馆、市非遗保护中心工作人员在策划本届"阿拉非遗汇"活动时，特意在活动方案中增设了一块"童趣拾遗——非遗课堂"的内容。活动的特点就是让市民亲身参与和体验。

当人们带着孩子体验"跳房子"、滚铁环、踢毽子等游戏时，广场里不时传出阵阵欢笑声，人们仿佛又回到了无忧无虑的童年。一个十来岁的小男孩看了游戏老师示范滚铁环的动作之后，也跃跃欲试。

这边玩滚铁环，那边又开始玩"跳房子"。孩子们在大人的带领下单脚着地，在红线框里一边跳，一边把一块小石头踢进另一个红线框。游戏规则是脚不能踩到边线，石头也不能被踢出框外，否则视为输掉。看似简单的一个游戏，但对现在玩惯了电动玩具的孩子来说可谓难度不小。一位妈妈自豪地对读小学的女儿说："这是妈妈小时候常玩的游戏，我当时还是高手呢。"说完，她开心地跳了起来，身姿仍然那么轻盈、灵活。女儿在她的指导下也开心地跳了起来。

据孔燕说，当初策划这个活动时，就是因为考虑到现在的孩子对这种老游戏已很陌生了，所以他们就想到了提前在社会上招募传授游戏的老师。好多市民看到招募信息后自告奋勇地前来报名，有一位女教师一下子报了所有的游戏项目。工作人员后来了解到，女教师所在的学校地处偏远的农村，那里的学生因地取材，课余活动时仍在玩"跳房子"、"踢毽子"等传统游戏。她觉得这些传统游戏既健康又环保，对孩子的身心发展非常有益，因此非常愿意做传统游戏的传授、推广工作。

### 中华手艺：让人惊叹不已的民间绝活

"非遗"的保护与传承，最主要的一块工作就是保护与传承民间精湛的传统手工技艺。在本届"阿拉非遗汇"上，"甬上风物——中华手艺"的展览项目就有30多项。为了增加老百姓对"非遗"的亲近性，尤其是激发孩子们亲近、传承"非遗"的积极性，展示的基本上都是富有生活情趣、又贴近现代环保绿色理念的"非遗"项目，有面塑、风筝制作、草帽编织、青瓷拉坯、虎头鞋制作、鱼拓、剪纸、竹编、刺绣……这些"非遗"技艺历经民间好几代匠人的传承，作品具有强烈的生活气息和艺术感

阿拉非遗汇：一场老宁波风情的盛会

染力，是宁波民间艺人心灵手巧的智慧结晶，同时也很好地展现了老底子宁波人的民俗风情。

有一句宁波老话："做人两双鞋，来时虎头鞋，去时绣花鞋。"在虎头鞋制作摊位前，传承人蒋建飞娓娓讲述关于虎头鞋的来历及风俗。过去，家里有婴儿呱呱坠地时，长辈们往往会给婴儿穿上虎头鞋，戴上虎头帽。虎头鞋用绸缎、棉花做成，鞋头绣上一个虎头，寓意是借"百兽之王"的老虎之威驱魔镇恶，庇佑宝宝平安、健康成长，壮大胆子走好长长的人生路。

蒋阿姨说，缝虎头鞋，并不是简单地绣个"王"字，最考验功底的就是要绣出老虎的威猛之风，故一定要绣出老虎眼睛的精神气。蒋阿姨展台上一排排整齐的虎头鞋，大小不一，色彩缤纷却艳而不俗，正如她所说的，她缝制的每一双虎头鞋虽然形态可掬，但鞋头上的一双虎眼果然炯炯有神，不怒自威。许多市民看到这么可爱的虎头鞋，忍不住拿起来放在掌上细细端详，由衷地夸奖蒋阿姨"绣得真好"。看到有人喜欢，蒋阿姨脸上满是欣慰之色。

蒋阿姨自10岁起跟着外婆学习做虎头鞋，如今年近六旬的她，经常奔波于文化场馆、学校、社区等地，热心地传授虎头鞋的制作技艺。现在她手下带出了好几个徒弟，包括她儿媳妇。

同样，在象山剪纸的展位前也围满了好奇的小朋友，他们被展台上千姿百态、惟妙惟肖的剪纸图案吸引住了，目不转睛地盯着传承人谢才华手中那把灵巧而又神奇的剪刀剪出各种图案。谢才华也精心准备了纸张、剪子，亲切、耐心地教小朋友学习剪窗花、小动物。告别时他还向每一个学生赠送一份生肖剪纸图案，鼓励孩子们回家继续练习。

看到孩子们喜欢剪纸，谢师傅特别高兴。谢才华自6岁起就跟着母亲学习剪纸，历经几十年的艺术探索之路，他的每幅作品几乎都是一气呵成，形神兼备，散发出强烈的民间艺术气息，深受群众的喜爱。作为剪纸的传承人，他常年为象山幼儿园小朋友、中小学生甚至老年朋友开设剪纸培训课，传授过的学生不计其数。

在"阿拉非遗汇"上,像这样身怀绝技的民间高手还有很多。比如,面塑传承人丁逸儿,她捏的各种人物、动物形态可爱,活灵活现,受到很多市民特别是小朋友的追捧;鄞州竹编工艺传承人叶良康,他用细细的竹丝编织出栩栩如生的动物,让观众叹为观止;渔船制作技艺传承人朱志友,他展示的一艘艘渔船船模做工精制,宛如天成……

总之,"阿拉非遗汇"就像是一场民间艺术达人的比武大会,各个项目的传承人纷纷借这个舞台一展身手,使观众在惊叹之余对传统手艺及艺人产生敬慕之心。同时,"阿拉非遗汇"又像是一次难得的技艺交流大会。虽然大家的技艺各不相同,但艺术总是相通的,他们借这个平台、这次机会互相切磋,交流传承中的经验及困惑。

## "阿拉非遗汇":送给市民的一顿文化大餐

"阿拉非遗汇"作为一项公共文化服务活动,是市文化馆、市非遗保护中心推出的一次创新活动。那么,为什么会想到借节日搞"非遗"集会这种形式?

市文化馆馆长林红告诉记者,去年是宁波市"非遗"保护传承工作启动以来的第10个年头,经过10年的精心挖掘、整理、培育、扶持,宁波的非遗保护工作取得了可喜的成绩。目前全市拥有国家级"非遗"21项、省级"非遗"79项,市级"非遗"179项,县区级"非遗"500多项……独创的"三位一体"(对项目、传承人和传承基地进行整体保护)的"非遗"保护模式,曾经让一大批濒临消逝的"非遗"项目重获新生,实现了大部分"非遗"项目的可持续发展,如著名的"三金一嵌"(泥金彩漆、金银彩绣、朱金漆木雕和骨木镶嵌)传统工艺接轨市场,走向产业化道路;奉化布龙、宁海耍牙、甬剧等众多"非遗"项目,或走出国门展示风采,或进入校园培育传人,或登上舞台成为文化精品……

林红说,为了对这10年来的"非遗"保护传承工作进行一次总结和

提炼,把保护传承成果奉献给社会分享,同时也想为市民与"非遗"项目、传承人之间搭建一个公益传承、亲近交流的服务平台,他们对近几年来推出的"非遗课堂"、"非遗节日会演"、"非遗小卫士"等系列品牌活动进行整合创新,于去年国庆期间举办了首届"阿拉非遗汇",并提出了活动的主题口号——亲近、传承、共享。

  本来那是一次探索性的公共文化服务活动,出乎意料的是活动一亮相就受到群众的热烈欢迎,开幕第一天就吸引观众2.5万人。尽管当时原定3天的活动因"菲特"台风来临不得不提前两天闭幕,可是好多观众意犹未尽,纷纷向主办人员追问以后还会不会举行。群众的欢迎和支持,让他们觉得有义务、有责任把"阿拉非遗汇"打造成一个公共文化服务的品牌活动,争取一届届持续办下去,为群众送上精美的文化大餐。所以,他们于今年初又马上启动第二届"阿拉非遗汇"活动的组织策划工作。经过两个月的筹备,第二届"阿拉非遗汇"终于在鲜花盛开、阳光明媚的"五一"节如期开幕。

(该文原载2014年5月8日《宁波日报》,作者:周燕波、郑志玥)

# "我们的节日":念念不忘 必有回响

曾几何时,在众多洋节一轮又一轮汹涌的冲击下,被老一辈念念不忘的传统佳节、岁时习俗,似乎已在我们飞速发展的生活中悄然离场。当国人在感叹传统节日与现代生活方式的格格不入时,其实我们内心对这些节日所承载的文化血脉,却始终难以割舍、未敢遗忘。

正所谓念念不忘,必有回响。就在刚刚过去的元宵佳节,北仑郭巨庙会迎来万人空巷的盛况,宁海前童十四夜再现摩肩接踵的壮观,这些都不是我们脑海中的老人的节日,中青年、少年儿童成了最主要的拥簇者。显而易见,大家对传统节日的渴望与向往,不是淡忘而是强烈,不是渐行渐远而是呼之欲出。元宵扎灯彩,清明制风筝,端午做香袋,这些"我们的节日"特有的文化符号,正在老辈人家长里短的叨念中,唤起下一代内心深处的温暖回响。

## 春节,"老底子"习俗味道足

2013"天然舞台"春节广场文化活动的热火还未散尽,甬城百姓对这场"文化庙会"的欣喜还依然津津乐道。在我们的节日里,春节绝对占有相当重要的地位,它所承载的文化内涵和文化情感最为丰富,也最为精彩。宁波市文化馆用传统庙会的形式串联起一场又一场精彩的活动,与其说是创意,更像是一次心灵的回归。

吹糖人、捏面人、做戏文……从大年初一到十五,这些老城厢的热闹场景定格在许多宁波人的脑海。2008年年底至2009年初,宁波市文化馆曾联合宁波晚报副刊部举办的"老底子过年"照片征集活动,让这些旧时过年的民俗风情又回归到百姓生活中了。在收到的200余张投稿中,有换春联、贴门神、送春牛图等反映老底子过年的风俗画,也有跑马灯、耍狮舞龙、春节集市及宁波朱金漆木雕和泥金彩漆的果盒、米塑制品、印糕板等老底子过年的生活场景和生活用品。当筛选后的代表性照片在宁波晚报副刊及宁波市非物质文化遗产网上登出后,立刻吸引了市民的眼球,这些已经消失、正在消失或将要消失的"老底子"过年的民俗生动地展现在市民面前,激发了人们对身边的非物质文化遗产的关注。

"三十的火,十五的灯",元宵灯展无疑是热热闹闹中国年的压轴

戏。比如2010年底至2011年初,宁波市文化馆主办了主题为"寻找兔灯艺人,传承传统技艺"的"玉兔迎春"春节元宵兔灯展、剪纸展,展出了四川自贡制灯艺人制作的巨型落地灯组以及宁波有名的剪纸艺人谢才华、张其培、乐翠娣、何贤顺、张蓓琳等创作的近百幅以"兔"为主题的作品,并邀请老艺人现场表演剪纸,市民还参与了内容涉及宁波地名、街名等的"猜灯谜"活动。

同时,各县(市)、区,各类"老底子"过年活动也有条不紊地进行着。今年春节期间在象山影视城,象山各镇乡、街道的17个舞龙队,700余人参加了舞龙大赛,还请来了香港著名导演李国立助阵并为二品龙点朱砂;正月十四晚,石浦渔港举行规模盛大的元宵灯会流光溢彩,盛况空前。

这些"老底子"过年习俗,不仅增强了传统节日的活力,更让参与其中的人们真正领会和体验到那种既传统久远又迷人执著的民族精神和文化真谛。

## 清明，风筝艺人功夫赞

"清明前后，点瓜种豆"、"植树造林，莫过清明"，清明时分扫墓、踏青、放风筝、春耕春种、寻根、感恩、尽孝等清明节传统文化在春意盎然中悄然融入现代人的生活之中。古人郊游踏青之时，不忘手把"风筝"扬除"晦气"，应一个"青云直路"的彩头，如今，宁波市文化馆把"我们的节日——清明放风筝系列活动"做得有声有色。

2010年3月至4月，"了解传统、亲近自然、放飞心情、传达祝福"清明风筝系列活动让人印象深刻，活动邀请了专业风筝爱好者走进社区，进行有关风筝制作放飞的培训，并从中选拔出参加清明风筝活动的社区代表队或人选，展出风筝实物；推出有关风筝的征文比赛，让大家倾诉自己与风筝有关的情感体会、生活经历；全市风筝制作高手还相聚老外滩进行风筝制作技艺展示。2012年3月，来自宁波各县（市）、区的10支代表队带着各色龙鹞风筝亮相象山皇城沙滩，"鹞飞蝶舞喜翩翩，远近随心一线牵"，小则几十厘米，大则近百米的各式风筝在天空翻腾舒卷、争奇斗艳，为清明节日增添了别样的风采。

今年的清明前夕，宁波市非物质文化遗产保护中心又门庭若市了。以风筝制作为开场的"非遗课堂"系列公益培训正式开课。3月至6月间，将先后推出风筝制作技艺培训、宁波金银彩绣技艺培训、四明内家拳培训、宁波传统菜肴烹饪培训等四个公益培训班。其中，金银彩绣属国家级非遗名录项目，状元楼宁波菜烹制技艺和四明内家拳属于省级非遗名录项目，风筝制作属市级非遗名录项目。

此次风筝制作技艺培训，邀请到了全国风筝比赛获奖选手，教授风筝制作、放飞的要点，培养学员的动手能力，体验放风筝的愉悦心情。培训结束后，在清明前夕，还要举行一场风筝放飞活动，这场热热闹闹的风筝培训活动，也将拉开"非遗课堂"2013年系列公益培训活动的序幕。

2008年起，宁波市非物质文化遗产保护中心和市文化馆培训中心开始联合推出非遗公益培训活动，几年间先后举办了数期灯彩、风筝、香袋、虎头鞋、泥塑等民间手工技艺、民间美术的公益培训班。随着社会需求的不断扩大，这一非遗主打的公益培训将进入常态化，每月一个培训主题，遍布全市的培训场地，让更多想要重温宁波文化记忆的市民，获得了与非遗项目亲密接触的机会。

宁波市非遗中心开设的"非遗"公益培训报名不设门槛。几天前，当宁波市非物质文化遗产网上出现开班信息后，短短一天内，就有60多位市民报名要求参加各类培训。有一个五口之家上演"全家总动员"，家庭成员将四个项目报了一个遍，足见市民对"非遗"公益培训的热情。今年，随着风筝制作、金银彩绣、四明内家拳和宁波传统菜等各个公益培训班的陆续开班，市非遗中心将为培训班的教学活动拍摄视频，并在宁波市非物质文化遗产网推出网上"非遗课堂"，进行网上教学，让"非遗"保护跟普通市民的关系更加密切。

## 端午，巧手女红今胜夕

端午节男女老少佩戴香囊，长辈为孩童戴上虎头帽、穿上虎头鞋、系上五色绳，寄托着对孩子茁壮成长的美好祝愿，这是华夏民族的古老习俗，同时，这也是一双双民间巧手展示女红技艺的最佳机会。然而，这些传统手工艺制品日渐被现代科技所代替，能手工缝制香包香囊的民间艺人日渐稀少。宁波在端午系列活动中推出的以"挖掘女红传人，弘扬传统技艺"为主题的"传统女红技艺展"等活动便显得意义非凡。

2009年5月24日至30日，"巧手绣和谐——端午传统女红技艺展"在月湖大方岳第"群星展厅"展出；2010年6月12日，端午"瑞虎纳吉"女红展在天一广场举行。活动中，纺织、缝纫、刺绣等传统工艺得以展示，香袋、肚兜、荷包、虎头鞋、盘纽等宁波传统的金银彩绣作品和民间传统女红作品一展风采，关于女红的历史渊源、文化内涵、工艺流程等图片展及各县（市）、区推荐女红巧手纺纱、刺绣、编织等"现场秀"，勾起了

人们对端午节传统习俗的温馨回忆。

而且,活动先从宁波市非物质文化遗产网上征集、评选作品,并由公众和专家共同组成初审组评选,选出的优秀作品参加实物展,让传统节日和现代网络实现了很好的结合。活动挖掘了宁波30多位女红艺人,现在,负责这项活动的宁波市文化馆工作人员张一青隔三岔五地就能接到热心女红的市民打来的电话,询问何时再举行活动、主题是什

么。领了"命题作文"后,大家争相在家自娱自乐。

女红传承不再是小打小闹,更有甚者把它发展成了小型"产业"。如海曙区月湖街道设立了女红陈列制作室;镇海区招宝山街道总浦桥社区成立了"巧娘工作室";慈溪虎头鞋制作初具规模,女红高手蒋珍奋成立宁波金童工艺品有限公司,把虎头鞋帽等女红专卖店开到了各地。

作为工艺瑰宝,宁波金银彩绣成为今年"非遗课堂"的重头戏。在以往的培训中,有关金银彩绣的题材也有所涉猎,但学员往往只能了解一些皮毛,至多能在老师的绣棚前站一站,亲手感受一下绣花针是如何穿透织物的。今年在"非遗课堂"上,大家则有望从知识普及转向技艺传授。市非遗中心的老师介绍说,如今社会上擅长十字绣的女士为数不少,而金银彩绣对刺绣技法的要求更高。今年的金银彩绣公益培训推出后,"非遗课堂"将根据学员的基础分班授课,没有任何刺绣基础的,仍以普及知识为主;有一定刺绣基础的,将由宁波金银彩绣国家级传承人等亲自授课,传授金银彩绣的刺绣要点,让学员掌握几种基本针法,最后让学员完成一幅属于自己的金银彩绣作品。

显然,宁波的端午系列活动犹如古代习俗与当代文明的生动对话,女红这一传统技艺在与当今生活的碰撞中传承发展,在时代变迁的进程中焕发生机。

## 中秋,阿拉曲艺展新姿

中秋节自然离不开月亮,宁波中秋系列活动同样寄情明月,把意蕴流转的传统曲艺融入现实生活中。2009年10月3日,围绕"月是故乡明"的主题,20户新宁波人家庭在天一阁博物馆南园赏桂赏月,欣赏四明南词等宁波传统曲艺,感受第二故乡宁波浓郁的民俗风情。自此,"过八月十六、赏阿拉曲艺"就成为广大市民中秋佳节的一大乐事。经过几年的努力,宁波中秋系列活动为传统曲艺提供了尽情展示的舞台,让四明南词、宁波走书、宁波评话、三北小锣书、唱新闻、蛟川走书等响当当的名字有了薪火相传的沃土。

"宁波没有专业的曲艺团,传统曲艺的传承太难了",宁波市文化馆文化干部一度非常忧虑,"它需要演员一人身兼多职,吹拉弹唱样样精通,后继人才的培养成为一大难题"。面对严峻的形势,宁波市文化馆做了大量工作:整理资料、出书、出脚本、申报非物质文化遗产……中秋佳节系列曲艺活动是其中的一大亮色。

每年中秋系列活动中,各种传统曲艺你方唱罢我登场,好不热闹,"为了参演,演员们又是排练,又是创作新作品,着实忙碌了一阵"。宁波市文化馆文化干部对宁波传统曲艺的传承与创新感到开心,"现在,鄞州区有了专门的宁波走书演出团队并常年在各个乡镇演出,慈溪市坎墩街道凭姚剧的传承获评'浙江省民间文化艺术之乡'"。

在保护阿拉曲艺的道路上,我们一直在努力推新作推新人。2001年,四明南词《中华旗袍》夺得全国第11届"群星奖"银奖,刷新了宁波地方曲种近50年来首次参加全国曲艺大赛并获奖的纪录。2008年浙江省戏曲汇演,沉寂多年的四明南词再次亮相,让见多识广的浙江省曲艺家协会原主席马来法激动不已。近两年中秋活动中,又涌现了多位新人,爱菊艺校还专门设立了四明南词课程。宁波走书、象山唱新闻等宁波的传统曲艺样式,也在群众文艺工作者的努力下不断推出新品力作,还成功登上了牡丹奖、群星奖等国家级赛事的舞台。

专家指出:"任何传统都必须与时代相连,让时代接受,让年轻人接受。"培养戏曲观众尤其是年轻观众,也是传统曲艺薪火相传的重要环节。据悉,今年首次推出的"阿拉曲艺汇"将会隆重登场,这不仅是汇集全体宁波曲艺传承人、精品曲艺作品的一次盛会,更是让年轻观众了解并喜爱宁波传统曲艺的绝佳机会。相信今年的中秋月圆时节,这场传承古老与现代的曲艺盛典一定精彩纷呈、不容错过。

(该文原载2013年4月《天一文化》,作者:郑志玥)

# 从课堂到展厅:"名师专修"再出发

5月10日的午后,阳光停歇在古朴典雅的"群星展厅"院内,和满室墨香扑鼻的书法佳作、济济一堂的书界同仁,一起共同期待着那场名为"大风歌——胡朝霞师生书法展"的盛装启幕。这次展览和接下来的"春暖花开——林绍灵师生水彩画展"一并组成了名师专修班成果汇报系列展。这次展览不仅是宁波市文化馆运作时间最长的主题展览,更是首次将"群星课堂"和"群星展厅"两块文化惠民品牌巧妙对接的创新尝试。

此次"群星课堂"名师专修班成果汇报系列展,展出的是我市知名书法家胡朝霞女士和著名水彩画家林绍灵先生,以及他们在"群星课堂"名师专修班里培养出的学员们的艺术作品。无论从作品的艺术质量、创作技法、表现题材,还是大家对艺术的独特审美、手法运用,都显示出了较高的艺术水准和深厚的个人修养。

欣喜和激动写在每一个参展学员的脸上,而感动和思索则留在了宁波市文化馆人的心中。

## 新视角：精英文化

虽然已经过去了整整一年，但回想起"群星课堂"名师专修班首次招生时的盛况，宁波市文化馆的工作人员还有说不出的激动。招生信息刚一见报，报名电话就络绎不绝地响起，每班15人的计划早已大大超出，即便是开课之后还有不少人带着自己的作品赶来，只为争取一个旁听的席位。这种火爆的局面，用宁波市文化馆副馆长鲁峰的话说：既在意料之中，也在意料之外。

其实当初在策划这一培训项目时，大家都怀着一种忐忑的心情。多年来，文化馆都将注意力放在了基层的艺术普及和辅导上，更多关注的是文化享受贫乏的那部分群体。然而，随着宁波经济社会的飞速发展，外来高素质人才的大量涌入，宁波群众的艺术素养和结构发生了巨大改变，越来越多的有艺术才华和需求的中青年人士进入到文化馆的视野中。如何为他们打造一个专属品牌，并以此为突破口重新回归社会主体人群的艺术市场，成为了宁波市文化馆开始思考的命题。

"群星课堂"从2007年创办推出以来，一直以艺术培训零门槛吸引着大批群众热情参与，在宁波的艺术培训市场上赢得了极佳的口碑。然而，

细心的课堂管理者也发现,目前开展的大多数艺术培训都是"一锤子买卖",学完就散伙的状态,缺少了文化品牌可持续发展的动力。他们想到了一个将公益培训与团队建设相结合的点子,并大胆地开设以培养"精英文化"为目标的艺术专修班。每个专修班由宁波市级名家担纲执教,向宁波全大市公

开招收具有一定艺术基础且具潜质的文化馆站干部及社会文化精英。通过面试及作品评估,由名师选拔,进阶深造。"高端、潜质、精英"是此次"群星课堂"锁定的目标人群,也是宁波市文化馆向"精英文化"进军的精彩序曲。

## 新亮点:名师魅力

首批推出的书法和水彩画两个班,有幸邀请到了我市著名水彩画家林绍灵先生,林老师说起他的此次加盟,那完全是被文化馆的这项创新做法吸引来的。在水彩画界享受很高声誉的林绍灵老师,此前对于群众

文化的印象就是社区农村百姓的艺术普及工作，而艺术精英、高端人才培养则让给了其他社会主体。当文化馆向他发出为名师专修班请他授课的邀请时，林老师惊喜的同时欣然领命。他说："让我接下这个任务最重要的原因是，这个想法的准确定位和富有远见的创新。根据国家当前的发展，特别是宁波对文化事业的重视来看，人们对文化的需求，不单是普及还有提高，高品位的艺术的创作，满足他们对艺术的需求，正是文化馆该做的事情。"

对另一位担任书法专修班培训的胡朝霞老师来说，这更是她一直寻找机会想做的事情。身为中国书法家协会会员、浙江省青年书法家协会副主席、浙江省书法家协会篆刻委员会副主任、浙江书法大展最高奖——"沙孟海奖"获得者，胡朝霞从进入宁波市文化馆那日起，就十分想组建一支能够代表宁波的高水平书法队伍。有着多年书法培训经验的她，对宁波中青年书法人才现状颇有信心，如若能带出几位在全国大赛中斩获奖项的书法人才，付出再多心血与努力都值得。

有了二位名师的鼎力加盟，就不奇怪这名师专修班的门槛要被踏破了。为了保证教学质量和成果，两位老师对学员的入门要求甚为严格。不仅要他们在报名时提供多幅个人作品进行筛选，还要在年龄上严格限制，确保了队伍的年轻化。即便如此，每个班的学员人数还是突破了20人，胡老师的班上甚至一度达到了三四十人。直到名师专修班结业的前夕，还不断有人打来电话咨询能否参加培训。这么多人济济一堂聆听名师教诲，让很多学员倍加珍惜，半个月一次的授课，每次三小时的课程，每每都在学员们的强烈要求下一拖再拖，迟迟不能下课。

书法班上有几位学员在政府部门和企业里担任领导职务，可他们无论再忙也决不肯耽误上课，如此执着的学习精神连老师都被感动了。胡朝霞更是笑称自己上课上得热情高涨，"跟他们在一起，不像是老师在教学生，气氛融洽而愉快，让我对每次上课都充满期待"。水彩画班的学员有慈溪、象山等地赶来的，每课必到、精神可嘉。李谦法家住象山海岛，林老师为避免他长途奔波，劝他将作品快递过来。李谦法却笑着说："连快递都不到我们这岛上来。这次能拜到名师门下,再远我也要来。"

## 新举措:品牌联动

从策划名师专修班之初,宁波市文化馆就有着明确的目标,那就是通过一年的培训学习,要求学员创作高水平作品在展厅展出。这不仅是对"群星课堂"教学质量提出的高标准严要求,更首次将文化馆的两大品牌"群星课堂"和"群星展厅"进行有机联动。

由于有了办展的目标,学员们的积极性高涨,老师的责任心也增强了。在培训进行了半年左右,就开始着手为学员们量身定做作品创作题材了。由于此次培训注重的是个性的培养和潜能挖掘,他们根据每个学员的特点和气质,选择适合他们的创作方向,而差别化指导其实是贯穿教学始终的。林绍灵发现班上一位叫王海涛的学员在创作渔船的画作时,将船底的淤泥描绘得十分生动,当即建议王海涛专攻"泥"的主题,一段时间下来,他创作的泥泞的小路、泥泞的原野等作品出乎意料的精彩。另一位学员陈伟杰此前专攻油画,头一次进入水彩画领域有点摸不着头脑,但很快林老师就发现了他在表现老房子时的独特才华,一经点拨,陈伟杰猛然间豁然开朗,在老房子、老建筑的题材创作上一发不可收拾。在此次展出的四十余幅学员作品中,他一人独占四幅,真可谓战果卓著。

夏薇薇和唐晖是书法班上唯一的夫妻学员。胡老师根据他们二人的不同程度和气质,为他们分别选择了智永千字文和礼器碑临摹创作。二人还在家里设立了家庭书法日,一起练习对照,八岁的孩子也成了小小书法爱好者。吴蕾是一位机关公务人员,她的楷书作品曾在工会组织的书法比赛中获得奖项。这次参加名师专修班,她首次尝试了篆书、隶书的书写,还头一次了解到了书法的书写性、节奏感等专业知识。这次参展的两幅作品荫符经和智永千字文,较之前的书写水平实现了质的飞跃。

在筹备展览的过程中,学员们也体会到了前所未有的快乐和惊喜。胡

朝霞亲自为学员设计每一幅作品的形式，从书写内容、字体风格，到纸张大小、篇章布局，求新求变无一雷同。同时，还为学员选择了更为现代的木板装裱，让每一幅作品都呈现出立体效果，极具视觉冲击力。为了营造别具一格的展览氛围，学员们自己创意了一场西式冷餐会式的开幕典礼。在古香古色的展厅院内，铺展开一溜长桌，以典雅的蓝印花桌围覆盖，红酒、饮料、西点、水果一应俱全，大家在轻松愉悦的古典雅乐声中，欣赏佳作、品尝美酒、交流心得，闲情雅致之感倍增。林绍灵师生的水彩画展上，还配合举行了一场轻松自由的座谈会。大家在展厅的院内围坐起来，畅谈学习体会、创作感受，气氛融洽，场面温馨。

## 新展望：艺术家园

在谈到今后的规划发展时，宁波市文化馆馆长林红表示：名师专修是我们在免费开放的背景下，对公益培训的一次有益尝试，今后还会陆续开办其他艺术门类的高端培训。而现有的这两支队伍将以艺术沙龙的形式发展下去。拔尖人才的培养和后续人才的补充会同步进行，而群星展厅也将打造成为这些团队学习聚会、切磋技艺的休闲艺术场所。我们希望文化馆不仅成为普通百姓的艺术乐园，也要成为精英人才的艺术家园。

名师专修班在"群星课堂"书写起点，在"群星展厅"留下精彩，用一年时间探索出了一条公共文化艺术培训的新路。与其说"名师专修"在这里修成正果，不如说，他们从这里起步，要向着更高的目标，再出发！

（该文原载2012年6月《天一文化》，作者：郑志玥）

# 金秋，甬城唱响最美和声
## ——宁波市首届合唱大赛决赛侧记

在所有的歌声中，只有合唱能成为人们共有的旋律；如果合唱能够走进每一个人的生活，那么，整座城市便奏起了最美的交响。

2013年的秋天，显得分外的秋高气爽，艳阳高照，让宁波这座城市依然焕发着春天的活力与生机。蓝天白云，树绿花红，三江波涌，四面飞歌，群众合唱活动热潮涌动。宁波市首届合唱大赛自红五月开赛以来，在这个收获的季节里迎来了最后的决赛，那歌声嘹亮，万众参与的盛景，不禁让人想起李白的诗句：浙江八月何如此，涛似连山喷雪来。

一百年的岁月一百年的歌，一百年的合唱照亮了山河。多少甬城市民伴着歌声一路走来，热情被一次次点燃；多少父老兄弟伴着歌声走来，让自己和大家一起站成了美丽的文化风景。

本届合唱大赛，由中共宁波市委宣传部、中共宁波市直属机关工作委员会、宁波市文化新闻广电新闻出版局和宁波市教育局联合主办，宁波市文化馆承办，首次集结了全市最优秀的合唱团队，让城市插上歌声的翅膀飞翔，为迎接党的十八届三中全会的胜利召开，表达我们的祝福与心声。

## 红五月大幕，开场即爆棚

宁波市首届合唱大赛经过精心的组织与筹备，在今年的五月初正式拉开了比赛的帷幕。由于是多年来全市首届合唱赛事活动，所有的参赛队都憋足了一股劲，希冀拿出自己最好的水平，最佳的精神风尚来一展风采，即使是刚刚组建不久的队伍，也要后来居上，与最强势的队伍比拼一回，那种气势颇有些咄咄逼人。因为大家都知道合唱是一个集体项目，是本系统、本县市区文化综合实力的大比拼，大较量，当然也是不同风格与表现形式的集中展示。文化自信来源于制度自信，合唱作为一种文艺形式，最能体现这种自信、这种力量和智慧的凝聚。

所以，五月的甬城舞台上因为歌唱而百花竞放，异彩纷呈，确实是一场精神文化的盛宴，远远近近赶来观看的观众大呼过瘾，振奋，鼓劲。

宁波市首届合唱大赛分区赛暨第五届大学生合唱比赛在宁波音乐厅激情唱响。14所高校的合唱团参加了此次角逐，最终，宁波大学和浙江纺织服装职业技术学院两支队伍荣获前两名，并成功晋级全市首届合唱大赛决赛。比赛中，宁波音乐厅的歌声一浪高过一浪，有的欢天喜地，有的激情澎湃，也有的柔情似水，人们很惊讶，原来我们宁波有这么高水平的合唱队伍，原来，有的队伍已经在国内、省内大赛中崭露头脚。

可以说宁波大学合唱团一出场就镇住了全场，有观众小声嘀咕："不愧是专业选手呀！"比赛结束，宁大合唱团指挥兼指导老师肖红难掩喜悦之情："我们的队员都是来自音乐专业，他们拿第一应在情理之中。"

这个8月，宁波在酷暑之外也迎来了合唱比赛一浪高过一浪的热潮。八月初，宁波市首届职工文化艺术节大合唱比赛暨市首届合唱大赛市直单位专场比赛，在雅戈尔体育馆如期举行。经过激烈角逐，有8支队伍胜出，进军9月举行的总决赛。优胜者中有多次获得国内比赛奖项的队伍，也有组建虽晚起点很高的新秀。8月末，宁波音乐厅又迎来了宁波市首届合唱大赛县(市)区专场比赛的举行，共有来自11个县(市)区的21支队伍参赛。参赛队员来自各行各业，不仅唱出了优美动人的歌声，更展现了全市群众文艺活动蓬勃发展的现状。每支参赛的合唱队人数不少于40人，加上指挥、领唱、乐队、伴舞等总人数不超过80人，支支队伍精神饱满，着装整齐。担任该专场比赛评委的省音乐家协会副主席、市音乐家协会主席陈民宪，市合唱协会主席、国家一级指挥刘增辉等专家认为，此次比赛展现了宁波各县(市)区民间业余合唱团的艺术水准，无论是演唱、指挥还是配乐，都是同类合唱比赛中水平较高的。参赛的合唱团在当地的精神文明建设和文化建设中，发挥着积极作用。这些民间业余合唱团体水准比较高，他们频繁参加省市级的比赛或演出，有的还得过全国奖项，甚至走出国门，参加国际合唱比赛并载誉而归。

经过初赛的选拔，又经过复赛的较量，最后有21支队伍脱颖而出，9月14日晚上在宁波音乐厅登台亮相，进行总决赛，一决高下。这个不寻常的夜晚，究竟谁能够傲视群雄，拔得头筹，无疑吊足了人们的胃口。大赛主办方还专门开设了网络投票环节，大家可以在网站专题页面上，为自己心仪的合唱团投上一票。

## 蓦然回首处　星光灿烂时

我们不妨稍稍把眼界放开，看看这些引吭高歌的都是何许人也，想一想我们自己可不可以有机会也成为其中光荣的一员，让歌声像花儿一样绽放。那就让我们蓦然回首吧，那些人果然就"在灯火阑珊处"。

宁波与许多国内大中城市一样，群众性的合唱活动始于上个世纪中期，那时是一种颇有中国特色的群众歌咏活动。首先从大中小学校开始兴起，到了上世纪末，已经产生质的飞跃，合唱开始在全国乃至国际比赛中获得奖项。一大批校园合唱团如李惠利中学合唱团、鄞州蓝青学校合唱队，以及后来的宁波市群星合唱团和宁波知青合唱团等，都是那时的名牌团队。

2007年随着宁波市合唱协会的诞生，全市众多合唱团队的老师、指挥

金秋,甬城唱响最美和声

与合唱爱好者济济一堂，有了自己的精神家园，有了培育合唱人才的摇篮，有了学习交流与提升的空间。目前，全市已有百余支规模可观的合唱团队，从鲜为人知，到墙外开花，一面面金灿灿的奖牌诉说着曾经的艰难与自豪。尤其是由宁波市歌舞团牵头组建的宁波市爱乐合唱团，异军突起，先后在各类比赛中取得佳绩，在第六届世界合唱比赛中，该团荣获现代音乐组银奖第一名，可谓风头正劲。而宁波市群星合唱团也在世界锦标赛上夺得铜奖，殊为不易。

回看本届合唱大赛，进入决赛的21支队伍几乎个个身手不凡，加上他们的临场发挥，你很难猜测谁能笑到最后，一枝独秀。如果你有机会走进这些队伍、这些人物和他们藏在背后的故事，你一定会觉得比赛的名次固然重要，但是为此而兢兢业业、不辞劳苦、反复排练的情景，怎一个"感动"了得！你才会体会到那"九分耕耘，一分收获"的沉甸甸内涵，以及队员们无私忘我的牺牲精神之可贵。

鄞州文化馆李加军介绍说，鄞州区星光合唱团组建才一年多，但水平上得较快。原先是以培训声乐骨干为主，让他们到基层去当带头人，发展基层群众歌咏活动。得到合唱大赛的消息，他们当即决定从这些骨干中挑选优秀选手，又招募了本辖区学校的在职音乐教师，组成了这支近80人的合唱队伍。队员们的参与热情很让李加军感动。其中，50岁以上的大叔大妈就有五六位，积极性颇高。还有一位在南京读大学的宁波学生，原本决定暑期赴外地实习。可当他听说星光合唱团要招募合唱队员，就第一时间赶来报名，成功入选后毅然放弃了实习的计划，他表示，能够为家乡的群众合唱事业尽一份力，才是最重要的社会实践。队员中还有不少人家住得很远，路上开车往往要一个多小时，十分辛苦。但即便是最炎热的8月，大家依然准时出现在合唱团排练的现场，这股集体荣誉精神可见一斑。接下来，鄞州区文化馆还计划要把这支队伍保留下来，努力打造成一个区级文化品牌，冲击省级、国家级合唱比赛的奖项。

江北区教师合唱团，也是本次合唱比赛中涌现出的一支优秀的新生力量。最初，他们是在区级比赛中脱颖而出的，这支全部由江北区各学校音乐老师组成的合唱团队，登上了群众艺术的大舞台，以师者之风再展风采。5月开赛以来，他们辛勤排练，一路挺进决赛，这也使他们对自己的实力信心倍增。不少队员甚至取消了暑假难得的旅行安排，一门心思投到决赛前的紧张排练中。一次下雨天，一位队员因为排练接迟了，耽误了接参加培训班的孩子，害得孩子一个人站在雨中足足等了半个多小时。这个暑假，老师们对家人有了很多亏欠，但当他们登上合唱大赛决赛的舞台时，一切的牺牲与付出都值得了。江北区文化馆的宋丽萍老师也为他们的精神所感动。

余姚市青年合唱团的杨军辉告诉笔者，他们的合唱团以在读的幼师专业学生为主，还有部分小学音乐教师，总共70多人，平均年龄30岁，今年7月刚组建，队伍年轻，发展的空间很大，他们的目标是打造一支市级品牌团队。每周两三天排练，每次有关领导都到场观看排练，给大家鼓劲。由于起步晚，难度高，最难的一首曲目有八个声部之多，排练起来的难度可想而知。但在专业老师的严格指导下，队员们一个个演唱考核，一个个纠正音准节奏，用满腔成功的渴望，克服了重重困难。

每一支合唱团队都有着不为人知的动人故事，每每听到感动处，都会不禁想起一句常用常新的古语：宝剑锋从磨砺出，梅花香自苦寒来。

## 决赛竟伯仲　歌声灿云霞

9月14日的宁波音乐厅，伴随着三江的涛声依旧，舞台上一支支团队放声歌唱，真可谓夜色与灯火齐辉，歌声共心声同醉，每一支团队都昂扬精神，找到了共鸣；每一个声部都跌宕有致，点燃了激情。观众在听歌，也是在欣赏自己身边的艺术；观众在鼓掌，也是在给生活的艺术鼓劲加油。合唱，其实是用同一种声音，表达同一个梦想。

比赛，在紧张有序地进行着。评委们在聚精会神地观看与评判，那0.1分之差，很可能决定一个团队的成败。笔者似乎随着歌声回想起走过的岁月,同样也是感慨万端。我知道,场内外正有千万双耳朵在聆听,聆听着生活最美的交响。坐在观众席上,那种强烈的现场感让人非常振奋,心情不知不觉的随着歌声抑扬起伏,审美的愉悦一次次被激扬起来,的确是一次难得的艺术享受和心灵的浸润。

最终,鄞州区文化馆星光合唱团等6支队伍获得金奖,宁波李惠利中学合唱团等7支队伍获得银奖,镇海招宝山街道总浦桥社区合唱团等8支队伍获得铜奖。经过广大网友的网上投票,宁波行知中等职业学校行知艺术系合唱团和北仑区华山小学蒲公英合唱团获得首届合唱大赛"群众最喜爱的合唱团"称号。决赛中,宁波市业余合唱团中的明星队伍群星合唱团与爱乐合唱团为决赛进行了助兴演出。至此,历时近5个月的宁波市首届合唱大赛在合唱爱好者和热心观众"今夜无人入眠"的兴奋中落下帷幕。

一位老年合唱团的银发长者说，宁波的合唱水平绝对不低，一年比一年高，我们的合唱团就在全国比赛中拿过奖牌。这次大赛让我大开眼界，宁波作为历史文化名城有这么多支合唱队伍，这么多的爱好者，真的是底蕴深厚。以我个人来讲，是合唱让我找回了年轻的感觉，高歌而忘忧，唱起来满身是劲儿，感觉特别好。

一位知名的指挥告诉笔者，这次合唱大赛鼓舞人心，许多队伍在歌曲选择、表演形式与风格方面都有了新的尝试，队形设计上更自然、松弛、强调一种和谐的美感。我觉得宁波的合唱很有潜力，也具备了向国际国内比赛冲刺的实力。

一位热心女观众，则现场找人打听怎样才能参加合唱团，她说她非常喜欢合唱，能参加合唱团，日子会过得充实快乐。

胜负是暂时的，歌声是永恒的。合唱大赛必将成为一股巨大的推动力量，如一石激起千层浪，促进文化名城宁波的文化繁荣与发展，使群众歌咏活动持久深入地开展下去。文化主管部门的思考或许更深一步。合唱作为一种群众性极强的集体文艺项目，具有凝聚人心的力量，同时也是城市文化实力的综合体现。在我们努力建设文化强市的过程中，非常需要这种文化凝聚力，万众一心，一心一意求发展，让宁波这座城市更宜居，生活在这里的人更有幸福感。

（该文原载2013年10月《天一文化》，作者：郑志玥）

# 后记

编著这本书的直接起因是2014年12月将在宁波市举办的首届中国文化馆年会。

文化馆事业是中国特色社会主义事业的有机组成部分，是中国特色社会主义文化事业的重要内容，是走中国特色社会主义文化发展道路的重要标志。文化馆事业的繁荣发展直接关系着文化民生，关系着公民文化权益的保障和实现，关系着中华优秀传统文化的传承和创造性转化、创新性发展，关系着社会的长治久安，关系着中华民族的伟大复兴。在构建现代公共文化服务体系、建设社会主义文化强国的背景下，文化馆的地位和作用显得更加重要。宁波市文化馆作为副省级城市的文化馆，近年来在全国较早地提出了建设现代文化馆的理念，并积极致力于文化馆建设与服务的转型升级。我们认为，文化馆是公共文化服务体系的重要骨干，是基层公共文化服务体系的龙头，要构建现代公共文化服务体系，文化馆必须是现代文化馆。因此，在工作实践中，我们突出以构建现代公共文化服务体系、建设文化强市为目标，以"整合、规范、创新、提升"为基调，以"数字化、品牌化、网络化、标准化、社会化"建设为抓手，不断强化社会责任，优化阵地功能，提升服务水平，扩大社会影响，推进文化馆整体由传统文化馆向现代文化馆转型，加快建设与现代公共文化服务体系相适应、相匹配的现代型文化馆。为了在中国文化馆年会上向各级领导和同行以及社会各界表达文化馆人建设现代型文化馆的良好愿望，为了促进文化馆事业更好地发展,让文化馆在现代公共文化服务体系建设和社会主义文化强国建设中发挥更大作用，为了更好地保障人民群众的基本文化权益，提高全民族的精神生活质量，激发全民族的文化创造活力，我们约请文化馆专家戴珩先生和我们一起策划、编著了《现代型文化馆构想与实践》这本书。

这本书呈现了我们对现代型文化馆的一些思考，展现了宁波市文化馆以及全国兄弟文化馆建设现代型文化馆的探索和实践。现代型文化馆的建设刚刚开始，文化馆整体由传统型向现代型转变也还在过程当中。我们希望这一本书能够引起各级领导和社会各界对文化馆事业发展的关注，能够引发文化馆同行的思考，能够对推动现代型文化馆建设起到一定的作用。若能如此，则我们的心愿足矣。

在本书的策划和出版过程中，我们有幸得到了各级领导的关心，得到了宁波市文化广电新闻出版局领导的具体指导和大力支持，得到了宁波市文化馆有关同志特别是书中有关图片、文字作者的大力帮助，在此，谨向他们，以及所有关心、关注这本书的人们，表示衷心的感谢！

本书不足之处，敬请读者批评指正。

林红

二〇一四年十一月八日